中央财经大学中央高校基本科研业务费专项资金资助
Supported by the Fundamental Research Fund for the Central University, CUFE

中国特色社会主义理论体系研究

宏观经济运行中的投资

李桂君 著

The Investment in Macroeconomic Operation

中国财经出版传媒集团

经济科学出版社
Economic Science Press

图书在版编目（CIP）数据

宏观经济运行中的投资/李桂君著. --北京：经济科学出版社，2021.11

（中国特色社会主义理论体系研究）

ISBN 978 - 7 - 5218 - 3099 - 6

Ⅰ.①宏… Ⅱ.①李… Ⅲ.①宏观经济 - 投资 - 研究 - 中国 Ⅳ.①F123.16

中国版本图书馆 CIP 数据核字（2021）第 239576 号

责任编辑：王 娟 徐汇宽
责任校对：齐 杰
责任印制：张佳裕

宏观经济运行中的投资

李桂君 著

经济科学出版社出版、发行 新华书店经销

社址：北京市海淀区阜成路甲 28 号 邮编：100142

总编部电话：010 - 88191217 发行部电话：010 - 88191522

网址：www. esp. com. cn

电子邮箱：esp@ esp. com. cn

天猫网店：经济科学出版社旗舰店

网址：http：//jjkxcbs. tmall. com

北京季蜂印刷有限公司印装

710×1000 16 开 11.5 印张 200000 字

2022 年 6 月第 1 版 2022 年 6 月第 1 次印刷

ISBN 978 - 7 - 5218 - 3099 - 6 定价：58.00 元

（图书出现印装问题，本社负责调换。电话：010 - 88191510）

（版权所有 侵权必究 打击盗版 举报热线：010 - 88191661

QQ：2242791300 营销中心电话：010 - 88191537

电子邮箱：dbts@ esp. com. cn）

目　　录

引　言

　　本书是由笔者的课程讲稿整理而来，尝试从宏观经济运行的视角理解投资。从事投资相关工作的人似乎都听说过这样的一句话："永远不要与大趋势为敌。"笔者完全认可这样的观点。投资最重要的是抓住宏观经济的大趋势，所有的技术分析与操作都要在顺应趋势的抉择下进行，不能逆势而为。很多投资领域的大师也都有类似的表述。威廉·江恩①曾经说过：顺应趋势，花全部的时间研究市场的正确趋势。如果与市场保持一致，利润就会滚滚而来。彼得·林奇②也认为趋势才是唯一的朋友，要关注未来趋势的走向。索罗斯③用以狙击市场的"羊群效应"，也是在关注市场气氛的前提下创造趋势进行投资。同样看重大趋势的还有出现在 20 世纪 80 年代的宏观主题投资理论，该理论相信当全球政治、经济、社会、文化、环境或科技等宏观因素发生结构性变化时，会对社会和经济活动及人们的日常生活产生重大影响，并形成宏观大趋势，因此其投资理念是，构建最能顺应当今宏观趋势、未来可从中获益的投资组合。

　　那么大趋势究竟是什么呢？如果不知道什么是大趋势，所谓顺应大趋势的说法就没有任何意义，因为投资者并不知道自己的选择是否与大趋势背道而驰。越来越频繁的经济波动和金融危机似乎也表明，我们对大趋势

---

　　① 威廉·江恩（William Delbert Gann，1878 年 6 月 6 日~1955 年 6 月 18 日），20 世纪的金融交易员，以《甘氏理论》闻名，一生中经历了第一次世界大战、1929 年的股市大崩溃、30 年代的大萧条和第二次世界大战，传说曾赚取了 5 000 多万美元利润。

　　② 彼得·林奇（Peter Lynch，1944 年 1 月 19 日~），是一位股票投资家和证券投资基金经理。目前他是富达公司（Fidelity Investments）的副主席，富达基金托管人董事会成员之一。在彼得·林奇出任麦哲伦基金（Magellan Fund）的基金经理人的 13 年间，麦哲伦基金管理的资产由 2 000 万美元增长至 140 亿美元，基金投资人超过 100 万人，成为富达的旗舰基金，基金的年平均复利报酬率达 29.2%。

　　③ 乔治·索罗斯（George Soros，1930 年 8 月 12 日~），本名是施瓦茨·捷尔吉，著名的货币投机家，股票投资者，进步主义政治及社会运动家和哲学家、慈善家，用金融市场来实验自身的哲学理念。现在他是索罗斯基金管理公司和开放社会研究所主席，也是美国众议院外交事务委员会董事会前成员。

的认识并不是那么清楚。而我们所接受的所谓主流经济学理论和知识，似乎并不能帮我们很好地认识和理解宏观经济运行。许多学者也已经关注到主流经济学其实并不能很好地预测和解释经济危机。一篇发表在 Nature 上的文章《后崩溃经济学：我们什么都没学到吗？》（Post-crash economics：have we learnt nothing？）引起了广泛的讨论。其作者梅芙·科恩（Maeve Cohen）在 2016 年调查了英国 7 所顶尖高校所教授的 174 门经济类课程，发现只有不到 10% 的课程涵盖了主流经济学以外的领域。对丹麦、荷兰和挪威的学生也做了类似的调查，其结果也是相似的。世界各地的经济学本科生学习理论的教科书，自 20 世纪 50 年代以来就几乎没有变过。尽管，学习基础经济学理论的重要性是毋庸置疑的，但是学生们却没有被教导如何去审视这些经济学理论所包含的价值观，更不会以历史发展的角度去质疑。现在，全球越来越多的高校发现了这样的问题，并开始提倡从微观入手解释经济世界，从历史发展的脉络去理解宏观经济的运行，也逐渐将生态经济学、复杂经济学等多元化的经济理论纳入知识体系之中。笔者非常喜欢这样的发展趋势，虽然我们从一个固化的知识谜团走入了一个更为复杂的知识体系所组成的雾场，但我们终究是离现实更接近了。

认识宏观经济的大趋势需要一定的范式，笔者倾向于将其放在传统的宏观经济四部门模型的框架体系中讨论。该分析模型是广为接受的基本分析框架，并经历了相当长的时间检验，说明该分析框架是有解释力的。现代宏观经济研究的不同流派也都是基于这样的框架来展开，只不过是分析重点或是起点不同。供给学派认为经济循环的起点是生产，而需求学派更倾向于重启经济的起点是有效需求。奈特（Frank Hyneman Knight）认为这个经济体系是在不确定性的世界中运行，很难充分地认识；哈耶克（Friedrich August von Hayek）认为这个体系是不能计划的，只能通过分担风险来减少损失；而格兰特（Oskar Ryszar Lange）则认为计划和更有效率的分配是有可能的，诸如此类。

本书把投资与宏观经济运行放到一起来讨论，从现实来看是合理的安排。但是在从微观入手解释宏观经济世界的理论中，却是经济学和管理学两个学科一般的巨大区别。亚当·斯密（Adam Smith）在 1776 年出版的《国富论》（The wealth of Nations）中开创了理论经济与管理的先河。120多年后，马歇尔（Alfred Marshall）出版的《经济学原理》（Principles of Economics）与泰罗（Taylor）出版的《科学管理的原理》（Principles of Scientific Management）则分别奠定了现代经济学与管理学的基础。经济学与管理学也从此开始了明确的分野，其区别主要体现在哲学理念、研究目的、研究对象、研究方法以及服务对象上。但总体而言，经济学是以理想状态下的"理性人"为假设，以数学模型等工具对现有经济现象进行解释和发现，而管理学则是从实际现象出发，理解社会中的个人或机构的"组织人"在现实中如何做决策，并在此基础上探索如何提高决策的效力与实施效率。

　　现在回到本书讨论的主题——投资与宏观经济运行。投资是经济学问题还是管理学问题？我们并不是要真的去探讨投资学的归属，毕竟许多问题都没有明确的界限，很多理论也都只能部分地解释现象。但是，没有管理行为是不遵循规律的，就像我们开篇所讲的，管理从来不与大趋势为敌。投资是在掌握经济学方法论基础之上所做的行为选择，需要的是经济学和管理学的有机结合，在掌握宏观经济运行规律后，根据价值判断进行决策。本书是在对宏观经济运行规律基本理解的基础上，认识投资的行为。对具有一定经济管理知识基础的读者来说，更容易阅读。本书的体系并不是足够完善的，甚至更多是从笔者本身的粗浅知识和理解而言。本书分为五章进行阐述——宏观经济运行的认识框架、宏观视角理解的投资、投资与经济增长、实物投资的效率、经济新常态背景下的投资问题。把自己的所思所想写出来，只期待能够给更多希望理解现实经济运行规律的人以点滴的参考。

第一章

宏观经济运行的认识框架

第一节　宏观经济的四部门模型

　　根据凯恩斯的国民收入理论，宏观经济循环可以表示为四个部门间的相互经济活动，即生产者、消费者、政府与外国部门间的货币与物品交换。四部门经济的总需求不仅包括居民的消费需求与厂商的投资需求，还包括政府商品和服务采购需求以及净出口。总供给则包括整个社会某一时期各部门提供的生产要素总和，也即各类生产要素所相应得到收入（工资、利息、地租和利润）的总和。考虑当前经济全球化和全球经济金融化的特征，我们可以适度丰富宏观经济分析的四部门模型，加上金融机构，形成如图1-1所示的扩展宏观经济框架模型。在这一经济框架模型中，当总需求同总供给相等时，宏观经济实现均衡。

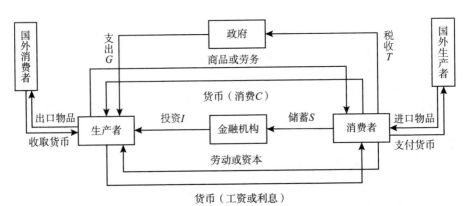

图1-1　扩展四部门经济框架模型

宏观经济的四部门框架模型是对现实经济的一个抽象，这个抽象的模型非常容易理解。一个宏观经济体系包括四个关键的构成要素，单纯从构成要素上来说，该模型几乎对所有的宏观经济体系具有适用性，不论是西方发达国家，还是非洲的贫困国家。但是宏观经济体系四个要素的运行机制是有差别的，正是宏观经济体系运行机制的不同，决定了宏观经济体系许多其他的关键性质，比如计划经济体系与市场经济体系的差异。

宏观经济四部门框架模型的运行机制中，最关键的问题是——经济体系是如何启动的？也可以换一个问法，在这个模型里，经济循环的起点在哪里？这个问题的答案可谓众说纷纭，任何一种观点，当我们将其放在历史长河中，以发展和辩证的眼光去看待的时候，我们会发现多数的争论集中于"生产者"和"消费者"这两个答案上。

一、炫丽的萨伊定律

亚当·斯密在其经典著作《国富论》里已经隐约地表达过这一定律，他特别指出，"某个特定的商人，其仓库中有过剩的产品，他有时可能会因为不能及时卖掉它们而遭受灭顶之灾，（但是）一个国家不可能出现同样的情形。"①

让·巴蒂斯特·萨伊（Jean – Baptiste Say）是法国的经济学家，他更大程度上是继承了亚当·斯密的思想。在他的主要作品《政治经济学概论》中提出了著名的"萨伊定律"，又称"萨伊市场定律"。萨伊认为生产者是经济循环的起点，"萨伊定律"的简单表述是——"供给创造出它自身的需求"。萨伊、穆勒和李嘉图等经济学家都主张，在生产产品的过程中产生了充足的购买力，能按照满意的价格将这些产品带离市场。他们认为，鼓励消费者的欲望并不难，难的是提供工具，而我们能够提供的工具只有生产。

萨伊在 1803 年写道：

一种产品一旦被生产出来，它立刻就以它最大价值为其他产品提供了一个市场。当生产者生产出来一种商品，他非常急切地想把它立刻卖掉，否则它的价值就会在他手中消失。如果他卖掉它得到了货币，他同样急切地想把货币花掉，因为货币的价值也不是长久的。但

---

① ［英］亚当·斯密：《国富论》，张兴、田要武、龚双红译，北京出版社 2007 年版，第93 页。

是花掉货币的唯一方式就是用它来购买某种产品。因此，仅是一种产品的生产就会为其他产品打开销路。①

其实，很多古典经济学家都表达过对"萨伊定律"的支持和认同，如大卫·李嘉图和詹姆士·穆勒等。只是凯恩斯将理论归功于萨伊，因此后人皆称此定律为"萨伊定律"。

穆勒在1808年更简洁地描述了这一思想："如果一个国家的购买力完全可以用其年产出来衡量。年产出提高得越多，通过这种方式就可以更多地拓展这个国家的市场、购买力和真实购买。"李嘉图也将萨伊定律引入国际贸易分析中，他认为一个国家生产的越多，它就可以出口更多，并且因此可以支付更多的进口，即"供给会创造它的需求"。②

萨伊定律的主要内容是供给会自动创造它自己的需求，萨伊等人认为在生产产品的过程中自然会产生充足的购买力。产品一旦生产出来，生产者为防止产品贬值而急于出售。因此，这些商品能够按照买卖双方都满意的价格完成交易。他们认为，过量生产或者所谓供过于求，只可能发生在特定的市场，但是整个经济体不可能有普遍的过量生产。经济活动总体水平的下降，也将只持续一个较短时期，因为市场会自动地将经济调节到资源被充足利用的状态。

萨伊定律作为古典经济学的核心理论，它包含了三个重要假设。（1）货币仅仅是流通的媒介，不存在储藏功能（即买卖是"物物交换"）。（2）市场具有调节功能，短期可能出现供需不匹配，但是要素会自由流动最终达到均衡态。（3）经济在长期处于充分就业的状态，不会出现长期的失业。

萨伊定律是在一个完全自由的市场经济中体现的规律，这个市场其实还应该有一个背景，那就是萨伊定律提出的时代背景。19世纪初期，全球的生产力水平是较低的，人类生产生活需求快速提升，产品供给严重不足，所以才会出现只要生产就可以卖出去的现象。由于供给会创造自己的需求，因而社会的总需求始终等于总供给，在长期中不存在过量的资本积累。即使有短期的供需结构失衡，也会很快地通过要素的自由流动而达到平衡。

---

① ［法］让·巴蒂斯特·萨伊：《政治经济学概论：财富的生产、分配和消费》，陈福生、陈振骅译，商务印书馆1963年版，第144页。

② ［英］大卫·李嘉图：《政治经济学及赋税原理》，郭大力、王亚南译，商务印书馆1962年版，第108页。

基于"供给会给产品创造需求"的定律，萨伊演绎出了几个重要的推论。（1）在一切社会，生产者越多，产品越多样化，产品就销得越快越多越广泛，生产者得到的利润越大。（2）每个人都和全体共同繁荣利害相关。一个人周围的人越发达，他就越容易找到工作，得到丰厚的报酬。企业之间，城乡之间，地区之间乃至国家之间都是如此。（3）购买或输入外国货物不会损害国内或本国的产业和生产。（4）仅仅是鼓励消费无益于商业，因为困难不在于刺激消费的欲望，而在于提供消费的手段。①

　　从这些推论中可以很明显地看到，萨伊定律的背景和理论有效性的时代特征。在19世纪初至20世纪30年代大萧条来临这百余年，是人类生活生产需求快速上升的时代，生产是经济运行的起点具有合理性。

　　萨伊定律在经济学理论中占统治地位100多年后，全球的生产力大幅度提升，供给不再是短缺的，需求又是缓慢变化的，供给大于有效需求的情况就出现了。自1825年资本主义社会发生第一次经济危机以后，经济危机开始规律性出现。直到1929年经济大危机，产品生产出来卖不出去，到1933年底全球失业人口超过了3 000万②，萨伊定律受到了前所未有的挑战。

　　经济学界对于萨伊定律的质疑是一直存在的。但是由于萨伊、穆勒以及李嘉图在经济学界的权威地位，因此直到1936年凯恩斯系统性地强调了它的弱点，才让经济学界普遍认识到萨伊定律的不足。对萨伊定律提出质疑的最著名的学者有三个人，他们分别是马尔萨斯、凯恩斯以及马克思。

　　马尔萨斯认为，货币不仅是单纯的流通媒介，同时也是储蓄手段。如果消费者不用手中货币马上购买货物，而是大量储蓄，则供给就未必等于需求，生产物也就可能出现滞销。马尔萨斯同样不认同萨伊和李嘉图等人提出的资本主义商品都是与商品交换，所以一般的商品过剩是存在的。他认为，商品不都是和商品交换，也有和私人服务交换的情况，而且富人往往愿意储蓄而不是把所有的钱都用于消费，因此容易导致积累与消费的不平衡与总需求之间存在不适应，普遍的过剩还会进一步演化为经济萧条。在马尔萨斯的观点中有两个要点，一个是富人通常是基本需求已经得到了

---

　　① ［法］让·巴蒂斯特·萨伊：《政治经济学概论：财富的生产、分配和消费》，陈福生、陈振骅译，商务印书馆1963年版，第147~149页。

　　② ［美］威廉·曼彻斯特：《光荣与梦想》，四川外国语大学翻译学院翻译组译，中信出版社2015年版。

满足的部分人口，另一个是储蓄通常是转化为投资的前提，这两个要点都是人类生产力极大提高后的产物。

凯恩斯十分认同马尔萨斯的观点，他认为李嘉图、萨伊等人代表的古典经济学理论只适用于经济均衡状态的分析和理解，但是经济并不总是处于均衡状态的。他更是在马尔萨斯的基础上完整地提出了"有效需求""非自愿失业"等概念，以及政府干预经济、扩大政府投资等应对萧条的政策，影响深远。凯恩斯提出的"有效需求"概念也是生产力极大提高后的产物，是供给极大丰富、贫富差距变大后的一种需求概念。

马克思认为萨伊定律把简单商品流通（商品－货币－商品，即 C－M－C）和物物交换（商品－商品，即 C－C）等同起来，无异于将资本主义经济当作原始时代的简单经济，得出一切商品不能同时发生过剩的结论。马克思认为，资本家在储蓄时已经得到利息，利息形成普通利润率，如果某个行业的利润率下降到普通利润率之下，资本家就会抽出这里的资本投入到其他利润率高于普通利润率的行业去。如果全部行业的利润率都下降至普通利润率之下，资本家可以将资本抽回，以货币形式握有资本收取利息，等待更有利的时机再投资。当资本被抽掉，流通过程的继续就遭到破坏，危机就是这样酿成的。需要注意的是，马克思的观点也是以无形的手发挥作用为前提的。

回顾供给学派和萨伊定律，可以发现指导宏观经济运行的理论离不开适用性的背景。萨伊定律之所以有效，供给侧的思想能够开始萌芽，是因为全球生产力的大幅提升，生产力的提高进一步导致了 19 世纪资本主义生产关系的确立，资产阶级成为最富有也最具消费能力的阶级。同时，连年战争带来商品短缺，整个市场处于供不应求的状态。即便面对如此巨大的消费市场，厂商们也并非在盲目地生产产品，他们会调研并了解消费者的需求，按需求进行生产，所生产的产品又带动了整个产业链的消费，因此"生产为产品创造需求"的理论才能立得住脚。

二、凯恩斯主义与有效需求理论

1825 年，资本主义社会发生第一次经济危机[①]。其后经济危机呈规律性出现，尤其是 1929～1933 年的经济危机，充分验证了市场机制自发调

---

① ［德］卡尔·马克思、［德］弗里德里希·恩格斯：《马克思恩格斯全集》（第十九卷），中共中央马克思恩格斯列宁斯大林著作编译局译，人民出版社 1956 年版，第 237 页。

节作用的局限性①，1929 年 10 月，美国纽约股票市场开始崩溃，一场空前的世界性大危机爆发了。这次危机持续了五个年头，金融危机与工农业危机相互交织，生产力遭到严重破坏。这次经济危机使整个资本主义世界的工业生产下降了 44%，倒退到 1908 年的水平；各国的对外贸易大幅度减少，从 1929 年到 1932 年，资本主义世界的外贸总额下降了 61.2%；1933 年的 32 个资本主义国家，失业人数超过 3 000 万人，美国全失业人数达 1 283 万人，占劳动力人口的 1/4②。

在这一历史背景下，凯恩斯"国家调节经济"的宏观经济调节理论和政策主张应运而生，并掀起了"凯恩斯革命"。约翰·梅纳德·凯恩斯（John Maynard Keynes）是英国的经济学家。他的主要著作有《印度的货币与金融》（1913 年）、《凡尔赛和约的经济后果》（1919 年）、《概率论》（1921 年）、《货币改革论》（1923 年）、《自由放任主义的终结》（1926年）、《货币论》（1930 年）和 1936 年的《就业、利息和货币通论》（以下简称《通论》）。《通论》是凯恩斯最主要的著作，也是凯恩斯主义的代表作。在这本著作中，凯恩斯针对当时严重困扰资本主义的经济危机、失业等现象，利用"消费倾向""资本边际效率""流动性偏好"三个心理规律进行了解释，认为"有效需求不足"是导致资本主义经济危机的主要原因，并提出了以财政政策为主的需求管理方案。凯恩斯主义认为经济启动的起点是需求，应该从有效需求入手，通过政府调控，启动经济的正向循环。

（一）凯恩斯主义的主要理论框架

《通论》的出版表明凯恩斯主义经济学完整的理论体系的形成，也被认为是现代宏观经济学的开始。凯恩斯主义的理论框架可以概括为两大核心，三个规律以及四个理论。其中两大核心是"有效需求"和"充分就业"；三个规律为"边际消费倾向递减""资本边际效率递减""流动性偏好规律"；四个理论为"投资乘数理论""利息与工资""物价理论""经济危机理论"，如图 1 - 2 所示。

---

① 杨孝海、赵翠红：《西方经济学》，西南财经大学出版社 2006 年版，第 244 页。
② 复旦大学政治经济学系：《三十年代资本主义世界经济危机》（1929 ~ 1933），上海人民出版社 1975 年版，第 16 ~ 25 页。

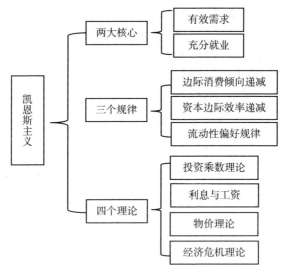

图 1 - 2　凯恩斯主义的理论框架

　　"有效需求"是凯恩斯理论的核心，也是凯恩斯对经济学理论的最大贡献。凯恩斯认为有效需求，首先是有支付能力的需要，然后是对于决定社会就业水平而言，与社会总供给一致的社会总需求。从供给方面来讲，"所谓供给价格，并不是实际在市场上购买该资产所付的市场价格，而是足以吸引厂家增加该资产一新单位所需的价格，故资本资产的供给价格，有时被称为该资产的重置成本"。凯恩斯认为，当总需求价格小于总供给价格时，厂商不仅不能按照预期的最低利润出售产品，而且也有可能出现商品卖不出去的情况，在这种情形下，厂商就会减少雇用工人数量，减少产量。反之，如果总需求价格大于总供给价格时，产品会供不应求，厂商获得利润的同时，也会扩大生产，增雇工人。只有当总需求价格等于总供给价格时，企业家才不会增雇工人，扩大生产，也不会解雇工人、缩减生产，于是生产和就业就达到了均衡。

　　凯恩斯在《通论》中用模型和函数表示其思想如下：

　　"设 Z 为雇用 N 人的产品的总供给价格，D 为企业主从 N 人就业量所得到的收益。如果 N 为一特定值，预期收益大于总供给价格，即 D 大于 Z，则会刺激企业主增加就业人数超过 N。而且，如果有必要，他会为了取得生产要素而同其他企业主竞争，从而导致要素成本提高，直到 N 的价值提高至 Z 等于 D。因此，就业量决定于总需求函数同总供给函数的相交点 E。"所以，就业量决定于总需求函数与总供给函数相交之点，也就是说总供给曲线和总需求曲线的交点，在这一点时的需求价格就是有效需求，如图1-3所示。

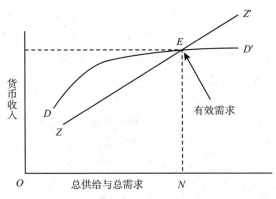

图1-3　凯恩斯主义的有效需求

凯恩斯强调，虽然 E 点是对于厂商来讲最有利的点，此时厂商可以获得最大的预期利润，但是它并不一定就与充分就业相一致。也就是说，总供给与总需求可以在充分就业时相等，也可以在非充分就业的条件下实现均衡。而且他认为以往传统经济学中的均衡，实际上是根据供给本身创造需求这一错误前提下所假设的充分就业的均衡，这仅适用于特殊情况，而通常情况的均衡是小于充分就业的，存在非自愿失业的均衡。

（二）凯恩斯主义的主要观点

凯恩斯及其追随者主要关注消费、储蓄、收入、产出和就业总量决定因素。与经济中总支出与就业总量之间的关系相比，他们对单个企业如何决定其利润最大时的雇用量并不太关注。凯恩斯学派的经济学家强调有效需求的重要性，认为有效需求是国民收入、产出和就业的直接决定因素。这些经济学家认为，总支出由消费、投资、政府支出和净出口支出的总量构成。企业共同生产了它们期望卖出的实际产出水平，但是有时总支出不足以购买所生产的全部产出。随着尚未出售产品的增加，企业会解雇工人并减少产出。即有效需求决定经济的实际产出，在某些情形下实际产出会小于充分就业时的产出水平。

按照凯恩斯主义者的观点，经济经常发生循环的繁荣与萧条，因为计划的投资支出水平是不确定的。投资计划的改变导致国民收入和产出发生变化，并且变化的数量大于投资最初的改变。均衡投资和储蓄水平——经过所有的调整之后产生的——可以通过国民收入的变化而达到，与之相对的是利率的变化。

投资支出是由利率和资本的边际效率（或者说是新增投资高于成本的预期回报率）所共同决定的。利率取决于人们的流动性偏好和货币数量，资本的边际效率取决于人们对未来利润的预期和资本的供给价格。新增投资的预期利润率是不稳定的，并因此而成为经济波动的最重要的原因之一。

凯恩斯主义者提出，工资在向下调整方面具有刚性，这主要是由于工会合同、最低工资法和稳性合同等制度因素导致的。在产品和服务的总需求处于萧条的时期，企业相应地通过减少产量和解雇工人来降低产量，而不是通过坚持降低工资来进行。价格在向下调整方向也具有黏性，有效需求下降开始会导致产出和就业的减少，而不会引起价格水平的下降，只有在非常严重的经济萧条的情况下才会发生通货紧缩。

（三）凯恩斯主义的政策主张

根据凯恩斯的经济理论，有效需求不足是资本主义经济出现危机主要原因。因此解救危机的办法必然是刺激有效需求的增加，以实现充分就业。一方面设法由社会来统筹投资量，增加投资，让资本的边际效率逐渐下降；另一方面用各种经济政策来增加消费倾向，提高消费。为达到上述两个目的，需要国家干预经济来实现，通过国家的权威和私人的力量相互合作。

凯恩斯主义的经济学家倡议政府应该通过实施适当的财政与货币政策来积极地干预经济，以促进充分就业、价格稳定和经济增长。为了应对衰退或萧条，政府应该增加其支出或者减少税收，而后者会增加私人的消费支出。政府还应该增加货币供给以降低利率，以期能够推动投资支出的增加。为了应对过度的总支出引起的通货膨胀，政府应该减少它自己的支出，增加税收以减少私人的消费支出，或者减少货币供给以提高利率，这将抑制过度的投资支出。

凯恩斯主张推行赤字财政政策，突破了亚当·斯密以来的国家应该平衡预算的观点。在经济衰退时期，要实行扩张性的经济政策。即使因为政府增加开支出现了赤字，也可以通过举债或者增发货币解决。政府可以通过举债积极增加支出，以促进经济增长。对于扩大政府支出，凯恩斯主张发行公债融资而不是增加税收收入。因为减少税收可以促进消费进步，发行公债也可以增加居民和企业的投资。

凯恩斯还提出，可以通过中央银行适当地增发货币，影响利率，进而影响社会总需求水平。增加货币供给，可以满足投机动机所需的货币量，同时市场利率也会因此而下跌。利率的下降，会引诱投资增加，投资增加就可以使收入以乘数倍增加。凯恩斯认为，国家对于经济的干预应该以财政政策为主、货币政策为辅，二者相互配合。

在国际贸易方面，凯恩斯认为，扩大对外商品输出，保持贸易顺差，可以增加一国的黄金外汇，扩大国内支付手段，有利于降低利息率和提高资本边际效率，增加投资引诱；另外，又可以为国内滞销商品和过剩资本找到出路，从而带来较多的就业机会和较多的国民收入。因此，他主张政府干预国际贸易，实行扩大出口、限制进口的贸易政策。

凯恩斯提出的有效需求理论认为消费者是经济循环的起点，且在边际消费倾向递减规律、资本的边际投资效率递减规律和流动性偏好规律的共同作用下，消费与投资需求受到抑制，总需求小于总供给成为经济常态。人们对于贮藏货币的偏好使得财富大量以货币形式保存，进而出现储蓄过高、消费不足的现象，且投资需求不足使得大量的储蓄无法转为投资而闲置，最终致使整个社会的有效需求不足，从而引发一系列财政、通缩和失业的问题。因此，能否实现有效需求，关键在于实际就业量和人们的购买能力。虽然需求决定理论最早可追溯至 17 世纪的重商主义思想，且在马尔萨斯、卡莱茨基的学说中均有所体现，然而直到 20 世纪 30 年代经济大萧条时期，这一理论才开始占据经济学主流地位。有效需求理论对于政府干预的倡导得到了西方资本主义国家的大力推崇，而凯恩斯所提倡的扩张性财政政策与宽松的货币政策的确在初期取得了显著成效，失业率大幅降低，商品生产与交易也得以迅速恢复。但是到 20 世纪 60 年代中期，由于持续性的财政赤字和货币超发，西方主要资本主义国家出现了经济增长基本停滞、通货膨胀率居高不下的"滞胀"现象。在这一背景下，凯恩斯主义受到了新古典经济学的挑战，受到广泛批判与质疑。然而凯恩斯的观点仍然在批判中得以发展，新一批经济学者在继承凯恩斯的基本信条的基础上，开创了新凯恩斯主义经济学。新凯恩斯主义试图吸纳"理性预期"以构建宏观经济学的微观基础，并承认了市场调节的重要性，这在一定程度上反映了经济学派间的分界线正逐渐模糊。

《通论》的出现是颠覆传统经济理论的创新，是一场革命。凯恩斯之后，在众多凯恩斯主义者的努力下，凯恩斯理论得到了长足发展，宏观经济模型不断完善，微观基础也得以建立，逐渐成为西方经济学的正统理论，并成为政府调控宏观经济运行的行动指南，上升为一种政府需求管理理论。在实践中，西方各国政府在经济周期波动中积极运用凯恩斯理论来对付经济萧条和失业，并取得了不错的成绩。

然而，学界对于凯恩斯经济思想及其政策的争论却从未停止过。货币主义、理性预期学派、供给学派等自由市场经济理论以严谨的理论模型、扎实的微观基础和实证计量分析对《通论》的命题进行了批判，尤其是对政府宏观经济政策的有效性提出了质疑和挑战。1973 年的石油危机使西方发达国家出现失业与通胀并存的"滞胀"现象，被上述反凯恩斯主义学派视作政府长期执行凯恩斯政策的恶果。

从 20 世纪 70 年代起，通货膨胀率节节上升。西方国家想用"斟酌使用"或"微调"的办法来抑制通货膨胀而同时又不想使经济陷入衰退，其结果是衰退虽然得以减缓，但物价却继续猛涨。到了 20 世纪 70 年代中期，大多数西方国家出现了"滞胀"的局面，即失业和通货膨胀同时并存。对于这种局面，凯恩斯主义者在理论上无法加以解释，因为，按照凯恩斯理论，当失业（经济萧条）存在时，产量或国民收入的增加不会带来物价上涨，即使上涨，那也是轻微的，不会出现通货膨胀。只有实现充分就业以后，即失业被消灭以后，通货膨胀才会出现。换言之，失业与通货膨胀是不可能同时并存的。然而，二者同时并存的"滞胀"的现实使得凯恩斯的说法受到严重打击。既然凯恩斯主义者无法对滞胀加以理论上的解释，所以在政策上也就提不出消除滞胀的举措。这是因为轻微的通货膨胀虽然有助于经济的恢复，但是当通货膨胀达到一定的程度时，一方面，原材料价格上涨，企业成本增加；另一方面，通货膨胀会降低民众的购买力，企业生产的产品因为价格昂贵而卖不出去，企业收入降低，从而企业利润减少，企业为了正常经营就会裁员，失业的人就越多，失业率增加。

凯恩斯将经济危机产生的原因归结为三个心理规律，并将危机的周期性运动也归结为心理规律，尤其是资本边际效率，因此，恢复企业家的信心也就成为促进经济复苏的重要途径。但是凯恩斯并没有能够揭示资本经济危机产生的真正根源，因此也就不能科学地揭示危机的周期性运动。

三、供给学派的宏观经济运行理论

第二次世界大战之后，凯恩斯主义占据了资产阶级经济学家的统治地位，西方国家普遍依据凯恩斯的理论制定政策，对经济进行需求管理，取得了一定效果。凯恩斯主义盛极一时。但是，凯恩斯主义人为地扩大需求，一定程度上导致 20 世纪 70 年代西方经济出现生产停滞、失业严重，同时物价持续上涨的"滞胀"局面。

美国一部分经济学家在对凯恩斯主义进行反思时，将"滞胀"的症结归结于供给不足，重新肯定被"凯恩斯革命"所否定的"萨伊定律"，强调供给的重要性。他们提出了一套与凯恩斯的"有效需求理论"相对立的"供给经济学"理论观点。重新肯定了供给经济学的理论地位，供给学派由此兴起。根据理论观点强调内容的差异，供给学派又可分为正统学派和非正统学派，正统学派的理论观点相对激进，非正统学派的理论观点相对温和，趋于折衷主义。供给学派所强调的供给的增加对国民财富增加的影响，也在一定程度上契合了当下供给侧改革的部分内涵。供给学派的代表人物基本上是由一批当时年龄在 40 岁左右的中青年人组成，他们大多不是"学院派"经济学家，如表 1 – 1 所示。

表 1 – 1 　　　　　　　　供给学派的代表人物

派别	职位	姓名
正统派	美国南加州大学教授；《华尔街日报》社论撰稿人	阿瑟·拉弗
	20 世纪 80 年代初任综合经济咨询公司总经理	丘德·万尼斯基
	哥伦比亚大学教授	罗伯特·蒙代尔
	美国国际经济政策研究中心项目主任	乔治·吉尔德
	美国里根政府时期的财政部助理部长、后任乔治城大学教授	保罗·罗伯茨
非正统	哈佛大学教授、后任里根政府总统经济顾问委员会主席	马丁·费尔德斯坦
	华盛顿埃文斯经济社社长	迈克尔·埃文斯

与当时其他的经济学流派不同，供给学派的代表人物中没有"大师级"的经济学家。供给学派不认为蒙代尔或费尔德斯坦是他们的领袖人物。供给学派经济学也没有被大家公认的代表作（著作或论文）。

（一）供给学派的主要观点

供给学派认为，要促进生产增长关键在于着眼于对人们经济行为的激励。凯恩斯主义总需求管理政策使得政府开支日益增加，为了弥补赤字，只能依靠增税和增加货币发行，结果严重挫伤工作、投资和储蓄的积极性，供给不足会导致经济停滞和通货膨胀同时出现。

1. 高税率对激励的影响

（1）高税率特别是高的边际税率妨碍人们工作积极性，导致劳动生产率下降。

（2）高边际税率导致储蓄和投资供给不足、经济增长停滞不前。

（3）高税收和高福利减少了对资本和劳动供给的刺激，阻碍了贫困的改善。

（4）高边际税率扼杀了个人投资者的革新、发明、创造的精神。

2. 拉弗曲线——减税分析

供给学派把"拉弗曲线"看成理解整个人类社会经济发展秘密的一把钥匙，如图1－4所示。他们认为，美国一直到第一次世界大战以前，都是成功地停留在"拉弗曲线"禁区之外的。但是，从此以后美国的大多税率都一定处在"禁区"之中。因此，他们认为，当前美国首要的经济政策应该是减税，降低边际税率，从而提高工作、储蓄、投资的相对价格，提高投资的相对收益，来刺激工作、储蓄和投资积极性。

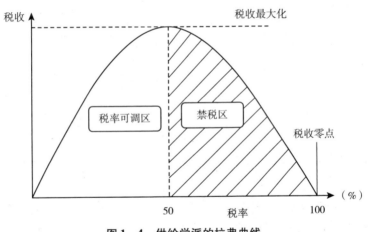

图1－4 供给学派的拉弗曲线

他们认为，凯恩斯主义应对美国投资率和劳动生产率的下降负责。由于第二次世界大战后美国各届政府依据凯恩斯主义理论，片面强调提高需求水平，鼓励消费，并且采取一系列阻碍人们储蓄积极性的政策，最终使美国的储蓄率和投资率下降。由于投资不足，企业的设备更新和技术革新缓慢，从 20 世纪 60 年代中期以后，美国的劳动生产率年增长率持续下降。

吉尔德在《财富与贫困》中写道，"就全部经济看，购买力永远等于生产力，经济具有足够的能力来购买它的全部产品，不可能由于总需求不足而造成生产品过剩。从总体看，生产者在生产过程中会创造出他们对产品的需求"。

供给学派并不是萨伊定律的简单复活，他们不是一般地号召增加供给，而是要求人们注意美国经济衰落的最重要因素——生产率下降问题。其理论核心是依靠市场机制，通过储蓄、投资和人们工作积极性的提高，来提高生产率，并认为提高劳动生产率是解决通货膨胀的最好办法；而要提高劳动生产率，必须强化个人刺激。他们认为，第二次世界大战后美国多次发生的经济危机，并不是生产过剩引起的，而是由于国家对经济活动的任意干预，市场机制的作用遭到破坏。特别是 20 世纪 60 年代以来的失业问题并不是有效需求不足造成的，而是美国历届政府采取扩张性财政政策和货币政策的结果。由于社会福利开支的扩大，失业者能够领到数额相当高的失业救济金，使得失业成本降低，很多人宁愿失业也不愿意提高从业技能或是通过劳动寻求就业机会。同时高社会福利也鼓励了资本家在经济衰退时肆意解雇工人。供给学派虽然对第二次世界大战后的经济危机给出了理论解释，但是对第二次世界大战前经济危机的理论解释是不充分的，也就是对经济危机的本质认识是不足的。

劳动、资本"楔子"模型试图说明改变税率对劳动供给和工作闲暇之间的选择弹性和刺激作用，以及对劳动需求函数和资本形成的影响，如图 1-5 所示。

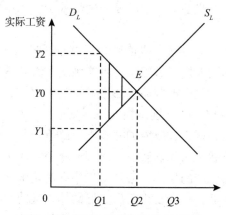

图 1-5 劳动、资本"楔子"模型

假设雇用每个工人的平均成本费用愈高，就业机会就愈少。那么，高税率，特别是高的工资税也提高了雇主雇用工人的实际成本，工人的就业机会就会减少。因为税收是支付给政府的，当税率提高时，雇用工人的实际总成本就比支付给工人的实际工资更高。这种离异状况就被供给学派经济学家称为税收"楔子"，而在这里则称为劳动"楔子"。"$Y2 - Y1$"税收"楔子"使劳动和资本投入不足。

（二）供给学派的政策主张

供给学派还没有建立其理论和政策的完整体系，其只是学派的倡导者对于资本主义经济机制、产生"滞胀"的原因及政策主张有些共同的看法。这些看法主要有下述几个方面。

1. 减税——供给学派经济政策的核心

供给学派学者着重分析税制对生产要素供给和利用的效果。他们指出，经济主体从事经营活动所关心的并不是获得的报酬或利润总额，而是减去各种纳税后的报酬或利润净额。在累进税制条件下，边际税率（对收入增加部分所课征的税率）又是关键因素，因为经济主体是否多做工作或增加储蓄和投资要看按边际税率纳税后增加的净报酬是否合算。他们认为，税率影响经济主体行为是通过相对价格的变化实现的。税率提高，纳税后净报酬减少。就劳动力看，这意味着休闲对工作的价格下降，人们就会选择休闲而不去做工，劳动力供给就会减少；就资本看，这意味着消费对储蓄和投资的价格下降，人们就愿意把收入用作消费而不做为储蓄和投资，资本供给就会减少。此外，经济主体为了逃避高税率，还把经济活动从市场转入地下。这些都会使生产要素供给减少，利用效率降低，使生产下降。

因此供给学派竭力主张大幅度减税，特别鼓吹降低边际税率的作用，他们认为减税能刺激人们多做工作，更能刺激个人储蓄和企业投资，从而大大促进经济增长，并可抑制通货膨胀。

2. 削减政府支出——特别是社会福利支出

供给学派的学者认为，政府的社会支出严重削弱了就业和储蓄的积极性，还使贫困扩大和永久化。政府支出不论是公共支出还是转移支付都会或多或少起着阻碍生产的作用，公共支出中有些是浪费资源，有些虽然对经济有益但效率很低，社会支出阻碍生产的作用最为严重，失业保险津贴使人们宁愿失业而不去寻找工作或从事报酬低的工作。福利补助严重削弱人们储蓄的积极性，滋长人们的依赖性，不仅不减轻反而扩大贫困并使贫困永久化，因此，他们主张大量削减社会支出，停办非必需的社会保险和福利计划，降低津贴和补助金额，严格限制领受条件。

3. 减少政府对经济的干预

供给学派认为，政府管理经济的法律条例会挫伤经济主体经营活动的创造性，政府管理经济的法律条例多数具有阻碍生产的效果。首先是加重企业负担，提高产品成本；其次是企业为了遵守法律条例，不得不缩减研究开发支出和生产性投资甚至停止技术改革；更严重的是挫伤企业的创新精神和风险投资，造成生产率增长停滞。因此，政府应当放宽对经济的管理，增强市场机制。

4. 恢复金本位制

供给学派虽然同意货币主义的基本观点，但在控制货币数量增长的目的和措施上有不同的理解。他们认为，控制货币数量增长的目的不应只是与经济增长相适应，而是为了稳定货币价值。货币价值保持稳定，人们的通货膨胀心理就会消失。而稳定货币价值的根本方法，是使美元与黄金重新挂钩，实行某种形式的金本位制。恢复金本位制，无论是对稳定币值还是降低利率，都会起到积极的作用。

四、不同历史背景下的理论选择

不同经济学流派的实质是不同学者对上述诸多经济问题的认识存在差异，而落实到具体的宏观经济层面就是不同的制度设计和不同的政策方案。一个国家选择什么样的制度设计，从什么方向来影响经济运行，是一个不同历史时期、不同环境下的选择问题。是在不同历史背景下、经济基础条件下、具体的市场环境下，以及国际政治条件下的国家权衡的结果。如此多的变量影响着宏观经济体系的设计和运行，因此我不认为会存在一种适用于所有国家的制度设计、宏观经济运行模式、宏观经济理论和具体的政策方法。不同的理论学派对宏观经济运行的认识既有相同点，也有明显的差异。以不同理论为指导的宏观经济有效运行必然也是千国千面，时移世易的权衡过程，在国家管理之中无疑有艺术的成分存在。

即使是同一个学术流派内部经常也会有不同的认识，更何况供给学派本身缺乏理论体系，多的是一些政策观点的堆积。供给学派的学者基本上有如下的相同点：理论上批评凯恩斯主义，重视供给，崇尚市场机制作用；政策主张上也赞成减税和削减福利，实行福利储蓄、投资和工作等刺激性政策。但是，他们在看待抑制通货膨胀和减税的效应等方面有所不同。费尔德斯坦（Martin Stuart Feldstein）不同意"拉弗曲线"所谓减税会自动地、快速地增加政府收入，抑制通货膨胀和推动经济增长的看法。他认为，减税主要是改善税制结构，压缩政府预算，平衡财政赤字，来提高资本供给水平，促进经济增长。

供给学派的有效性是被广泛质疑的，其中一个著名标签是，老布什将其称为"巫术经济学"。权威的《新帕尔格雷夫经济学大辞典》也没有收入拉弗曲线、供给学派之类的词条。萨缪尔森（Paul A. Samuelson）在其影响广泛的教科书中写道："按常规的科学标准，1981年的实验可以表明，供给学派的理论应该加以抛弃。"

无论是供给学派还是凯恩斯主义，都是在一定的宏观经济框架内展开的分析。如果要清楚地认识宏观经济的运行趋势，构建一个相对完整的宏观经济分析框架是前提。在四部门宏观经济分析模型的框架下，经济是不断循环发展的，无论循环的起点在哪里，只要其能够正向循环，就可以推动经济发展；反之，如果其负向循环，则会引起经济衰退。如果我们相信，人类的行为能够影响这个经济的循环，问题就变成了如下几个方面：

谁来影响经济的运行循环，是政府？还是市场？

从什么方向影响宏观经济的运行，是从供给侧发挥影响？还是从需求侧发挥影响？

影响经济运行的方式是什么，是通过投资？消费？还是进出口？

尽管从当代人的视角我们已经知道，凯恩斯主义帮助美国走出了大萧条，但是凯恩斯主义的主张也受到过多方质疑，其中被攻击最多的关键点就在于货币政策。凯恩斯主张由政府进行大规模投资，但由于税收不足，政府实在难以承担重任，因此只能通过加印货币来填补投资缺口。而大萧条时期，大资本家手中都持有大量货币，货币池里的水已经很多了，加印货币代表着继续向池中注水，这有极大可能会造成堤坝垮塌，使得整个经济体系崩溃。

对凯恩斯主义抨击得最过激烈的莫过于货币主义，货币主义关于货币池提出了另一个说法：增加水量并不一定会提高水位。在分析这个说法之前我们需要注意的是，凯恩斯主义和货币主义都有一个前提，就是货币的增加会带来投资的增加，货币是能够影响实体经济的。这样我们就可以理解二者的主张：凯恩斯主义认为，增加货币以提高货币池内的水位，注重的是引导货币的流向进而启动经济；货币主义认为发行货币和引导流向都没问题，甚至投资也没问题，但是货币的增加并不一定会导致货币量的同步增加，因为可以通过增加货币的流速来保持货币池的水位不变。

凯恩斯主义和货币主义提出了不同的解决经济危机方案，但是归根结底，他们的思路都是建立在认同马克思对于经济危机本质的分析之上的，他们都认同货币可以影响实体经济，要发挥它的积极作用；货币要用到投资上，用投资影响需求进而带动消费。货币主义的领袖弗里德曼在其与安娜·施瓦茨合著的著作《美国货币史：1867～1960》中，集中研究了1929～1933年美国货币供应量的情况，弗里德曼对大萧条的成因进行了简单而有力的解释，即由于大萧条期间美联储采取不当的货币政策导致货币供给急剧下降和严重的经济衰退，从而得出政府对经济活动的干预是没有必要的，反而只能起阻碍作用的结论。① 不同点在于凯恩斯要先筑高坝再引导流向，货币主义是不提高水位但是要增加流速。二者的研究都是建立在货币的基础之上，所以最终互相结合，形成新古典主义经济学，如图1-6所示。

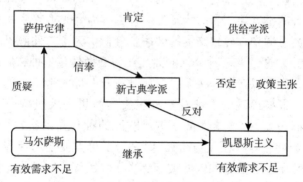

图1-6 几个经济学派观点的相互关系

大萧条背景下，部分经济学者主张以推动富人节俭的方式进行治理，而凯恩斯认为这将进一步扩大剩余、增加失业量、减少投资，并形成向下的"乘数"效应，而适度的通货膨胀将有利于防止这一节俭悖论。通过增发货币引起温和的通货膨胀，将有利于加强社会支付能力，扩大消费，推

---

① ［美］米尔顿·弗里德曼、安娜·J. 施瓦茨：《美国货币史：1867～1960》，巴曙松、王劲松等译，北京大学出版社2009年版。

动投资与就业，正向循环实现经济扩张。凯恩斯的这个理论逻辑是建立在信息不对称的前提之上的，随着信息技术的发展，信息的不对称性逐步降低，宏观经济运行的环境随之发生了变化。在信息对称的环境下，并不会实现其政策目标。只有当人们并未意识到货币增发只是带来名义收入的上升时，即产生"货币幻觉"，才能刺激其消费需求。当然，现实世界中信息不对称是市场的常态，因此凯恩斯主义依然存在政策有效性的基础，只是有效性在逐渐减弱。

第二节　货币政策与投资

在开始讨论投资与货币政策之前，我们有必要简单回顾一下货币的产生过程。在远古时代，并不存在货币的概念，交易是偶然发生的以物易物。反映古希腊奴隶社会生活的《荷马史诗》写道：长发的希腊人在卖酒，有的人用青铜去换，有的人用铁去换，有的人用牛或牛皮去换，更有的人用奴隶去换。但是随着生产力的发展与物质的丰富，单纯的物物交换已经造成极大的不方便，有时为了换一杯咖啡需要先换得牛奶再换到盐再换到矛才能换得咖啡，导致交易的效率十分低。为了方便起见，才出现了"一般等价物"，即选取一种公认的商品作为交换任意一种物质的媒介。比如，用一个斧头可以交换一头羊、一瓶酒或者一斤大米。

历史上，最早出现的一般等价物主要为海里的天然海贝（中国、日本、东印度群岛）、牛羊等牲畜（古代欧洲的雅利安民族）、盐（埃塞俄比亚）以及烟灶和可可豆（美洲）。但是为了更方便地携带与交换，容易携带且理化性质稳定的金和银便被广泛当作一般等价物进行交换。我国真正出现货币，是在春秋和战国时期，由于铁器的出现和普及，生产力发展迅速，商业都市开始兴起，专门的商人阶层开始出现，水路交通和运输业的便利使各地的商品交换更加普遍和频繁，真正的金属铸币也在这一阶段发展了起来。为什么说此时的货币是真正意义上的货币呢，是因为它具有货币的支付手段、交换媒介、计价单位和价值贮藏的完整属性。

一、货币那惊险的一跃

既然我们知道了货币是商品买卖的媒介，那么货币在经济中扮演的角色是"商品－货币－商品"还是"货币－商品－货币"呢？看起来相似的两句话，却蕴含了完全不同的逻辑体系。

萨伊认为供给会创造它的需求，自己生产的供给（商品）—销售给别人换回钱（货币）—消费别人生产的供给（商品）。萨伊认为整个过程中货币只起到一般等价物的作用。这也表明萨伊定律有两个假设前提：第一，在不同时间点之间货币的价值是稳定的（不增值、不贬值）；第二，货币仅作交换媒介，在流通过程中一般不涉及对货币的储藏，即收入＝消费，而不存在储蓄。

而马克思在《资本论》中写道："从商品到货币是一次惊险的跳跃。如果掉下去，那么摔碎的不仅是商品，而是商品的所有者。"① 他认为，商品生产者首先用货币购买原材料制成商品然后将商品卖掉换成货币再进行生产和消费。但是这个经济体系存在不完美之处，即随着物质的丰富，会出现"不等价交易"。例如一开始1只羊可以换3把斧头，但是随着羊数量的增加，1只羊只能换2把斧头了，获得更多资金的斧头商（资本家）并没有在同一时期将资金进行消费或投资，而是将资金储存了起来，等待投资机会或未来的消费。由此买不到足够斧头的农民只好缩减生产，降低消费，资本便通过交易从农民转移到了资本家，马克思将这个"不平等交易"过程称为"资本家的剥削"。这个惊险的跳跃实际上是投资发生的基础，没有这个惊险的一跃，延期消费就不会存在了，不平等的交易过程不能发生，超额收益也就不会存在。

萨伊和马克思对于货币之所以有不同的认知，一个重要的背景是社会经济环境的差异。萨伊定律提出的背景是物质相对丰富，能够满足人们的基本需求。而到了马克思时期则是物质极大丰富，由此出现了通货膨胀和不等价交易，资本家进行储蓄和延迟投资，这样将资金从农民手中"掠夺"。马克思认为由"不平等交易"产生的剥削使得资本更多地集中到少数资本家手中，导致他们的消费水平和购买力不匹配，所以部分资金被他们贮藏起来，而没有回到劳动者手中，这样劳动者创造的劳动价值被部分地无偿占有了。劳动者手里的钱越来越少，导致劳动者的购买力不足，资本家运用大量资金所生产的商品就会过剩。但是资本家因其"贪婪"的原因并不愿意降价，而是直接将多生产的牛奶倒掉。资本家过剩的生产和劳动者的购买力不足，导致资本家为缩减生产而大量裁员，这又加剧了劳动

---

① ［德］卡尔·马克思：《资本论》，中共中央马克思恩格斯列宁斯大林著作编译局译，人民出版社1975年版，第124页。

者的贫穷，并进一步限制了劳动者的购买力，由此经济陷入负向循环，最终走向崩溃。[①] 不同认知的发展过程也反映了工业化时代发展的不同阶段，即人类社会从工业萌芽走向了大工业时代。

二、货币制度的变化

前面我们讲到，马克思认为经济体系中的部分货币被资本家贮藏起来，存在货币的惊险一跃，进而导致经济危机的发生。那么，我们应该如何确定经济体系中的货币交易方式以及货币数量，从而避免经济危机呢？

提出这个问题，实际上我们已经承认了一点，即具备储藏功能的货币能够影响实体经济，影响的过程就是投资行为。为了调整好货币的运行，就需要社会体系中有一个调节机制，使得货币流通量能够适应社会经济的发展以及商品市场的变动，并能够根据货币的需求量调节货币的供给。也需要一个发行货币的中央银行进行有效调节，但是货币的发行量不能过多也不能过少，大多数国家建立中央银行的初衷是为了保证国家财政的稳定，但是有时会事与愿违。

金本位制度的基本特点是，只有金属货币可以自由铸造，有无限法偿能力；辅币和银行券与金币同时流通，按照银行券面值可以自由兑换为金币；黄金可以自由输入和输出；货币发行准备的都是黄金。金本位制在18世纪到19世纪被认为是最稳定且有效的货币制度，因为它可以保证本位币的名义价值与实际价值相一致，国内与国外价值一致，同时代表价值符号的银行券也与本位币价值一致，还具有货币流通的自动调节机制。

最早建立中央银行和实行金本位制度的国家是英国。稳定的货币制度给英国带了经济的繁荣，但是随着资本主义国家之间矛盾的累积，破坏国际货币体系稳定性的因素也日益增长。第一次世界大战爆发时，全世界约有60%的货币用黄金集中于各国的中央银行，市面上多用纸币流通，因此包括英国在内的一些国家为了战争准备而大量发行银行券，使得银行券的数量远超过黄金储备的数量。各国银行担心人们对黄金的挤兑，于是全部暂停对黄金的自由兑换，金本位从而彻底失效。到第二次世界大战爆发

---

① ［德］卡尔·马克思：《资本论》，中共中央马克思恩格斯列宁斯大林著作编译局译，人民出版社1975年版，第124页。

时，全世界约 60% 的黄金集中于美国。①

第一次世界大战后，英国试图恢复金本位制。并将英镑与黄金的兑换比价恢复到第一次世界大战前的水平，这使得英镑汇率被严重高估，其出口商品的竞争力下降，与外贸相关的行业也受到了巨大的打击。此外，为了维持英镑与黄金在第一次世界大战前的兑换比价，英国还采用了紧缩的货币供应，并提高了国内利率。这使得工人工资被削减，又产生了大量罢工，最终英国不得不宣布脱离金本位制。

第二次世界大战后，美国建立了"美元与黄金挂钩"的制度，但是也失败了。这是因为金本位制度不够灵活，容易受到国家不守"游戏规则"或赶不上经济发展速度等各种因素的影响。在战争时，国家往往会大量发行银行券，使得黄金远远不足以兑换银行券。而在经济发展的快速时期，黄金生产量的增长幅度也远远低于商品生产增长的幅度，黄金不能满足日益扩大的商品流通需要，极大地削弱了金铸币流通的基础。

1944 年 7 月，美国邀请参加筹建联合国的 44 国政府的代表在美国布雷顿森林举行会议，经过激烈的争论后各方签订了《布雷顿森林协议》，建立了"金本位制"崩溃后一个新的国际货币体系。布雷顿森林体系是以美元和黄金为基础的金汇兑本位制，又称美元 – 黄金本位制。它使美元在第二次世界大战后国际货币体系中处于中心地位，美元成了黄金的"等价物"，美国承担以官价兑换黄金的义务，各国货币只有通过美元才能同黄金发生关系，美元处于中心地位，起世界货币的作用。从此，美元就成了国际清算的支付手段和各国的主要储备货币。为维持体系运行，"布雷顿森林体系"还建立了国际货币基金组织和世界银行两大国际金融机构。前者负责向成员国提供短期资金借贷，目的是为保障国际货币体系的稳定；后者提供中长期信贷来促进成员国经济复苏，如图 1 – 7 所示。

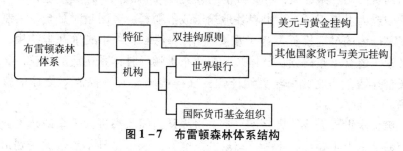

图 1 – 7　布雷顿森林体系结构

---

① ［美］斯塔夫里阿诺斯：《全球通史》，吴象婴、梁赤民、董书慧、王昶译，北京大学出版社 2006 年版。

英美两国的实践基本上证明了金本位制被淘汰是社会经济发展的必然。1971 年，国际货币基金组织在牙买加签署了《牙买加协定》，形成了新的国际货币制度——"牙买加体系"。从此，各国货币与黄金既无直接联系，也没有间接联系。这意味着取代金属货币制度的是不兑现的信用货币制度。其主要内容包括：

（1）国际储备货币多元化。黄金与货币脱钩，各个国家可以自行选择国际储备货币。

（2）汇率多元化。以浮动汇率为主，固定汇率并存的混合体系。

（3）多种渠道调节国际收支。如国内经济政策、汇率政策、通过国际融资平衡国际收支、通过加强国际协调解决国际收支以及通过外汇储备的增减来调节国际收支失衡。

三、影响实体经济的货币

如前所述，第一次世界大战之前，英国建立了金本位制度，随后崩溃；第一次世界大战后，英国再一次试图重建金本位，最终又走向失败。第二次世界大战后，美国也建立了美元与黄金挂钩的货币制度。每一次大规模战争都伴随着同样大规模的经济调整，在这里我们不妨思考一个问题，战争是否可以被看作一种调整经济的手段？

从这个角度出发，第二次世界大战其实也可以看作过去的经济危机积累到一定的程度之后所进行的一个消耗，因为战争是很直接的消费，如此似乎也说得通。原本不合理的消费结构直接通过一场战争将已有的物资和过剩的产能消耗殆尽，再在战争中或者战争后重新开始新的生产，构建合理的消费结构。第二次世界大战的时候美国顺利消耗完过剩产能，并且在战争中成为世界工厂，为世界各地输送战争物资。美国当时是全球的制造商，其国内的早期投资发挥了重要作用，直到 1944 年战争基本结束，美国又牵头建立了布雷顿森林体系。按照布雷顿森林体系达成的协议，美元与黄金挂钩，其他货币与美元挂钩，这样美国又几乎控制了全球的货币市场。

第二次世界大战结束之后，整个世界从封闭状态进入了全球化，此时的交易基本上是要杜绝不等价交易的。究其原因，是日不落帝国受到殖民地反抗而瓦解的惨痛经验给各国敲响了警钟。英国的新政开始是从不等价交易出现的，英国当时利用其工业化的能力从全球低价采购各种原材料，然后生产工业产品再高价卖回给殖民地，由此积累了大量的财富。等到财富积累到一定程度的时候，殖民地难以承受资本剥削而开始反抗，一场一场的革命加速了日不落帝国的瓦解，经济危机和第一次世界大战接踵而至。第一次世界大战如此，第二次世界大战亦然。第二次世界大战末期，经过数年战争的人们发现，美国成为这场战争的最大赢家，美国不但打赢了战争，而且在经济上发了战争财，在第二次世界大战即将结束时，美国拥有的黄金占当时世界各国官方黄金储备总量的75%以上，几乎全世界的黄金都通过战争这个机制流到了美国，美国在建立新的世界货币体系上有了更多的话语权。

过去的历史一再说明，不等价交易是经济危机发生的重要原因。我们现在来看看西方为什么会出现北欧的一系列福利国家、德国这样的冠以"共和国"的国家，以及西方世界的最低工资保障制度等。因为他们都认同了马克思的观点——资本家的剥削会限制劳动者的购买力，当基本的生存条件也难以维持之时，革命几乎是必然会出现的——因此，西方国家要断绝民众革命的根源，就要给予民众起码的最低生活保障。国与国之间的交易也是同样的道理，国际交易外汇必须要维持平衡，不能出现不等价交易，长期的资源掠夺和资本输出依然是革命爆发的导火索，不会有国家甘当殖民地，任由剥削。

总的来讲，战争其实是解决经济问题的最后一种渠道，再次之的是通过外交手段——如布雷顿森林体系，最优的手段是通过经济政策来调整经济结构。这就是整个宏观经济的大概的脉络，其核心观点是：货币是能够影响实体经济的。

四、货币政策影响实体经济的渠道

有的经济学家会将货币比作"关在笼子里的老虎"[①]，一旦被放出来，必然会对经济产生重大影响。在大萧条之前，人们对货币的影响作用还没有足够的认识度，因此大萧条来临后，货币政策的失效严重打击了人们的信心。那么在大萧条发生时，我们应该采取什么措施来提振信心？

凯恩斯主义提出的思路是政府介入市场，让政府替人们花钱。以硬货币的形式而不是通过金本位注入资金以解决有效需求不足的问题。投资的

---

① 成思危，经济学家、社会活动家。"超发的货币就是关在笼子里的老虎，早晚要放出来。"2013 年 5 月 18 日，全球经济大讲坛。

方式是把钱投入基础设施建设当中，通过雇佣关系将钱转移给消费者，再让消费者进行直接购买，促进经济的正向循环。凯恩斯主义对大萧条的基本推论是，大萧条出现的主要原因是有效需求不足，而有效需求不足是消费需求不足和投资需求不足的结果：边际消费倾向递减引起消费需求不足；资本边际效率递减和人们"心理上的流动偏好"使预期的利润率有降低的趋势，导致投资需求不足；有效需求不足使得非自愿失业成为经济的常态，由于工资刚性的存在，市场机制本身并没有力量使总需求等于总供给，经济无法达到充分就业均衡的状态；只有依靠国家对经济生活的直接干预来增加总需求，减轻经济萧条的破坏作用，才能使经济重新实现均衡。① 除了凯恩斯主义之外，当时也有另一种说法：经济信心不足的情况下，提振信心的方法是缩减政府开支和公共开支，公共部门尽量不花钱，这样才能把钱留给消费者，让消费者感到自己有资金可以消费。这是完全相反的两种政策思路，政府到底应该选择哪一个？

考虑到货币在经济体系运行中的关键性作用，中央银行可通过影响货币供给与利率，进而调节经济活动。目前主要的货币政策工具可分为三类：一是法定存款准备金率。当一国上调其法定存款准备金率，商业银行可运用资金减少，社会信贷总量随之减少，货币供给量收缩，反之亦然。二是公开市场操作。中央银行通过回购交易、现券交易和发行票据等买入和卖出有价证券的行为，吞吐基础货币，进而调节货币供应量。三是再贴现率。中央银行通过控制再贴现率调节商业银行的筹资成本，从而影响其信贷规模。

中央银行运用货币政策工具以实现某一具体的政策目标。其最终目标一般有四个，即稳定物价、充分就业、经济增长和平衡国际收支。但在实施货币政策的过程中，政策工具无法直接作用于最终目标，需要引入中间环节以完成政策传导，及时测定和调控货币政策的实施程度，因而中央银行进一步在工具和目标间加入两类金融变量，即操作目标与中介目标。操作目标直接受政策工具的影响，也容易受到中央银行的控制，常见的包括短期利率、商业银行的存款准备金、基础货币。中介目标距离政策工具较远但更为接近最终目标，特点在于不易受中央银行控制，但与最终目标间的因果关系较为稳定，常见的包括长期利率、货币供应量和贷款量等。

为研究货币政策对实体经济的传导路径，分析货币市场对宏观经济运

---

① ［英］约翰·梅纳德·凯恩斯：《就业、利息和货币通论》（重译本），高鸿业译，商务印书馆1999年版。

行的影响机制至关重要。典型的分析工具包括 IS－LM 模型和托宾 q 理论。其中，IS－LM 模型将产品市场与货币市场相连接，分析了货币市场的利率与商品及服务市场的实质商品产出间的关系，即货币市场上的利率波动将影响投资和收入，而产品市场的收入变化反过来影响货币需求与利率，如图 1－8 所示。

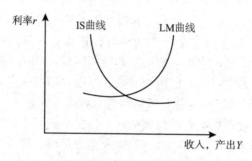

图 1－8　IS－LM 模型图

IS（investment-saving）曲线表示商品市场均衡条件（投资等于储蓄）的利率和产出水平的组合。假设政府投资不变，国民收入 Y 增加，可用于储蓄的资金增加，利率作为货币价格随之下降。同样，当利率下降，对投资具有刺激作用，产出受到乘数影响随之增加，反之亦然。LM 曲线表示流动性偏好货币供给（liquidity preference-money supply），即货币需求与供给相等条件下的利率与收入水平组合。根据流动性偏好理论，对实际货币余额的供给和需求决定了经济中的现行利率，即利率的调整带来货币市场均衡。当利率低于均衡水平以至于货币供不应求，人们将试图从银行提取存款或出售债券从而获得货币，而银行和债券发行者则会基于这一反应提高其所提供的利率，最终利率重归均衡水平。回归到 LM 曲线上来看，考虑到收入水平对于货币需求具有正向作用，收入提高将使得实际货币余额的需求上升，均衡利率相应也越高，因而 LM 曲线向右上方倾斜。

托宾 q 理论则将商品市场与资本市场相联系，解释了货币政策经由资本市场影响实体经济投资的可能性。托宾 q 比率是指公司市场价值与其资产重置成本之比，其中公司市场价值包括公司股票市值和债务资本市值，重置资本即当前公司资产的购买成本。当 q＞1 时，意味着公司可通过较少融资获得更多的投资品，投资支出便会相应增加；当 q＜1 时，公司市值低于其资产重置成本，经营者将更倾向于通过收购等方式实现扩张，因而投资支出降低。从货币政策传导的角度来看，货币供应量上升将提升股价，进而提高托宾 q 比率，促进企业投资扩张，并推动国民收入上升，反之亦然。

利率是中央银行重要的货币政策传导渠道之一，其理论传导路径如下：央行通过执行货币政策形成货币政策利率，随后传导至银行间市场，经由金融机构传导至交易所利率及标准化债券利率、银行传导至存贷款利率，最终影响实体经济。然而利率传导机制是否顺畅决定了货币政策的有效性。例如 2018 年以来全球各国的央行接连降息，试图通过宽松的货币政策以向实体经济注入货币，推动实体经济回暖。而这一操作是否有效则取决于以下几个因素：一是信用渠道是否畅通，即"宽货币"是否能有效转化为"宽信用"，这与金融市场结构息息相关。在这一问题未解决之前，即使降息，也只会增加银行间的流动性，但并不能真实改善实体经济的融资难、融资贵等问题。二是社会有效需求是否足够，资本的无限积累特性加上有效需求不足，将导致持续的产能过剩与生产过剩，进而导致资本回报率降低。因此，即使实体经济能最终受惠于降息等货币政策，在社会有效需求与供给不相匹配的情况下，实体经济依然无法良性发展。三是一旦出现流动性陷阱，货币政策将无法改变人们对于利率上升的预期，即使央行再通过货币政策降低利率，也不会促进投资与消费，因而利率刺激实体经济的杠杆作用也将失效。流动性陷阱是凯恩斯提出的一种假说，指当一定时期的利率水平降低到不能再低时，人们就会产生利率上升而债券价格下降的预期，货币需求弹性就会变得无限大，即无论增加多少货币，都会被人们储存起来。发生流动性陷阱时，再宽松的货币政策也无法改变市场利率，使得货币政策失效。[①]

第三节　财政政策与投资

一般认为，经济学最早来自于家政学，是家庭主妇在考虑整个家庭的收支状况、储蓄和投资状况过程中产生的。随着历史的进步，经济学也不断发展，每个时代都有杰出的经济学大家，他们所提出的理论也有着深深的时代烙印。农业经济时代的重农主义，大航海时代的重商主义，工业时

---

① ［英］约翰·梅纳德·凯恩斯：《就业、利息和货币通论》（重译本），高鸿业译，商务印书馆 1999 年版。

代开始后的古典经济学说，均是如此。美国在经历大萧条以后，经济体系重构是时代的主旋律，那个时代的经济理论必然就成了主流经济学，而美国又有意识地向全世界推销和输出他们的经济理论，经过近百年的潜移默化，终于使之成为主流经济学。因此，现在的宏观经济学和微观经济学理论大部分是美国20世纪30年代后重建的经济学。但是，随着时代的发展，全球经济环境的变化，所谓主流经济学理论的适用性也在发生着变化，发展中国家在学习西方经济理论的过程中，逐渐发现了西方经济学理论与发展中国家具体国情的不适应性。

凯恩斯主义盛行之后，许多学者将财政学归为经济学的一部分。一些主流经济学教材中对财政学的起源是如下解释的：因为非竞争性、非排他性和非分割性的性质，公共品只能由政府来提供。而公共品的出现引发了市场失灵，为了解决和弥补市场失灵的问题，公共政策随之产生。但是，如果追溯财税理论的欧洲大陆学派以及欧洲大陆研究的传统，很难说将财政学归在经济学的框架内是否合理，在这个问题上至少我们可以辩证地重新思考一下。

一、财政政策的理论起源

西方的财政学最早是从英国和意大利这些国家的君主城邦制度发展起来的，那时候封建领主拥有自己的城堡，并且对生活在城堡之外的平民所租用的领主耕地进行收税，以满足领主自身花费、修建和维护城堡外道路和豢养军队的需求。由于城堡之间经常互相掠夺，封建主出于责任必须要保护自己的领地和奴隶，军费和维护费用的增加给封建主带来了更大的资金压力，他们由此开始增加税收门类和数量。随着领地和财力的扩充，封建主逐步演变成国王，这时候税收便真正地合法合理化了。

从这个角度来看，我们一定程度上接受主流财政学的观点，正如维护城堡和修建道路等只有封建主才能承担一样，有些公共品是无法靠私人承建的。因为政府有义务承担公共品的供应，因此财政有了存在的依据。公共品的存在伴随着市场失灵，所以政府可以采取一定的财政政策作为手段去调节。但是我们要明白，市场失灵不是财政存在的依据，是公共需求的存在导致了财政的需要，市场失灵只是产品之间的特征，公共品的外部性特征导致了市场失灵。也许换一种描述更为清晰，公共需求导致公共产品的供给，而公共产品是市场手段无法调节的，反而需要财政手段的调节。

在这个层面上，市场调节手段与财政调节手段是并列的关系，而不是因果关系。

政府在市场中的作用是通过其行为体现的，财政政策作为政府调节的手段是可选的。一种选择方式是以政府购买的形式，政府作为市场的角色之一，融入市场当中去，用市场的规则来影响整个经济的发展。另一种的方式就是政府直接参与，一个典型就是政府直接投资，其中有一个后果就是挤出效应。政府的预算是财政支出的一个依据，但是大家应该也听说过预算软约束的存在。再往上就是财政的税收，涉及税收以什么样的规模来收税的问题，这里涉及两个很重要的概念，一个是负债率，一个是赤字率。负债率指的是财政的收支是否能够匹配，财政收支的差额就是所谓的负债率，赤字率是收支之间的差再除以国内生产总值。

理论是对现实的解释，目前财政政策学说的理论也是其对整个宏观经济运行的解释。在这种理论框架下，政府和市场似乎是对立的关系，市场失灵的存在说明市场和政府是割裂的，政府为此采取相应的干预手段是弥补市场的缺位。这样的逻辑就会引向一种说法，叫"划清市场与政府的边界"——政府和市场是界限分明的两个部分。但是我们凭一个"政府采购"的概念就可以举出反例，政府采购即各级政府的财政部门以直接向供应商付款的方式购买货物、工程和劳务的行为，意味着政府也是市场行为中的一个主体，也参与了市场的交易，这与"划清边界"的说法互相矛盾。

二、财政政策影响宏观经济运行的方式

财政政策是指一国政府通过调整、改变财政收入与支出来影响宏观经济，以使其达到理想状态的一种宏观经济调节政策。政府主要通过财政政策工具来干预经济，主要的财政政策工具包括政府预算、财政支出与财政收入。其影响市场总供给与总需求的方式可分为两类：一是调整政府的支出端，例如通过增加或减少政府投资、采购等；二是调整政府的收入端，如改变税收规模等。

从支出端来看，财政政策方式对于产品市场均衡的影响都可以通过IS－LM模型来表示，即对IS曲线的影响。政府可通过对于高速公路、学校等资本品的支出，以及购买商品和服务，增加总需求水平，刺激经济增长。如图1－9所示，政府支出的上升将推动IS曲线向右移，均衡点也将

从初始位置 E 点移向 E^* 点，收入与利率也随之提高。但值得注意的是，利率的上升也将对总需求带来冲击，因为其会对投资支出水平产生抑制作用。当扩张性财政政策引起利率上升，投资、消费、净出口方面的私人支出减少被称为政府支出的"挤出效应"。在这一情况下，均衡收入会比利率不变的情况有所削减，如图 1–9 中 E^* 和 E^{**} 点间的收入差异（E^{**} 为利率不变时的商品均衡点）。

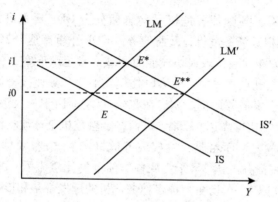

图 1–9　增加政府支出的效应

同时，在不同情况下，政府支出的"挤出效应"程度不同。在流动性陷阱的情况下，由于 LM 曲线处于水平状态，政府支出的上升将对均衡收入水平形成充分的乘数效应，利率不会同支出变化而变化。而如果货币需求与利率毫无关联，即 LM 曲线处于垂直状态，政府支出水平的提高不会对均衡收入水平产生任何影响，因而随着利率的上升，挤出的私人投资将等于政府支出的增加量，即发生完全的挤出现象。

从收入端的角度，政府主要可通过增加或减少税收、补贴、社会保险金等方式，对产品市场均衡产生影响。为获得政府支出的收入，政府既可以选择加税，也可以通过赤字融资借款。应采用何种方式获得政府支出来源一直是政界学界的争论热点。例如，在实施扩张性财政政策的大背景下，减税一方面可直接增加家庭的可支配收入和储蓄，推动消费支出和投资支出，进而刺激总需求和未来的总产出；另一方面则降低了政府收入来源，一定程度上抑制了政府的投资支出。而发行国债等赤字融资方式虽然可以在不影响当代消费者收入的情况下，为政府投资提供直接的资金来源，但却会引发一系列政府债务问题。一旦政府负债过高，短期内可能会影响消费者预期，带来通货膨胀上升，并提高实际利率，导致"挤出效应"的出现进而降低政府购买的支出乘数。长期则会出现国民储蓄下降、政府资本投资效率低下、对外负债过高、贫富差距进一步扩大、债务违约、后代偿还债务压力过大等问题。尤其是在预算软约束、政府缺乏破产机制的情况下，债务的刚性兑付会扭曲政府行为，使得其赤字融资行为缺乏合理必要的约束机制。其中一个尤为需要注意的指标就是债务 GDP 比率。

从历史上看，各国债务危机平均总债务占 GDP 比重高达 294%，例如，2002 年阿根廷债务危机，政府债务占 GDP 比重高达 152%，总债务占 GDP 比重达 207%，致使政府偿债能力剧减，直至政府宣布停止偿还所有公共债务本金与利息，并放弃比索盯住美元汇率，致使投资者恐慌，比索大幅贬值从而引发债务危机。冰岛在 2008 年之前由于三大银行过度借贷，债务总额占 GDP 比重高达 697%，进而在金融危机全球流动性紧缩的触发下爆发了冰岛危机。而希腊在主权债务危机爆发之前，政府债务占 GDP 比重 127%，总债务占比 244%。从各类债务的比重来看，平均政府债务占 GDP 比重为 94%。① 历史上很多债务危机的爆发都是和市场流动性以及投资者情绪密切相关。一旦利率上升，流动性趋紧，债务风险较大的国家都将面临更大的挑战。

与扩张性财政政策不同，紧缩性财政政策则要求政府缩减赤字，实现收支平衡。针对政府债务过高的情形，政府可通过增加税收、降低财政支出等方式削减预算赤字。从中长期来看，缩减赤字一定程度上意味着更高的储蓄和投资，进而能转化为更多的资本与产出。但在短期，削减赤字可能就意味着支出下降，产出缩减。考虑到这一因素，政府通常不愿因为未来长期利益而承受当前经济衰退的风险。但如果紧缩性财政政策能改善未来预期，即形成对政策效果的良好预期，消费和投资也可能会随之提高。总而言之，紧缩性财政政策也可能会在短期内提高产出，但受到了系列因素的影响，例如政策效果的公信力、政策的时效性和有效性、政府的最初财务状况等。

对于财政政策对市场的影响，学界的观点并不一致。尽管从 IS – LM 的分析来看，减税有利于扩大消费，进而在短期价格具有黏性的时期，通过总需求的扩张导致更高的产出和更低的失业。但李嘉图学派的观点则与

---

① Wind 数据库。

之相左。李嘉图学派认为，消费者具有前瞻性，即其消费并不基于现期收入，而是基于预期的未来收入，这也构成了现代消费理论的中心。这一观点由 19 世纪经济学家大卫·李嘉图提出，称为李嘉图等价。其基本原理在于政府债务等价于未来税收，进而等价于现期税收，因此用债务融资的减税并不会影响消费。但李嘉图等价的逻辑并不是认为财政政策的所有变动的效果都无差别，如果财政政策的变动影响到现在或未来的政府购买，而非通过税收的减少来刺激消费，那的确会影响到消费者支出。

三、税收政策在宏观经济运行中的作用

税收政策历来是财政政策的重要组成部分，我国自 1994 年分税制改革开始，对税收结构进行了一系列的调整，例如 2001 年开征车辆购置税，2006 年全面取消农业税，2012 年开始在上海实行营改增试点等，调整内容不但涉及像营改增这样的税收结构的变化，也涉及一些理念的选择。当前学术界广为探讨的一个相关问题是中国的宏观税负水平，宏观税负一方面代表政府和私人部门之间的收入分配，另一方面代表政府掌控资源的规模及宏观调控的能力。如果放到税收改革的背景下，则为营改增之后的税收压力是增加还是减少的问题。

研究宏观税负水平，首先要明确宏观税负衡量的指标。目前的研究多将中国宏观税负指标分为大、中、小三种统计口径来衡量：小口径的宏观税负指税收收入占 GDP 的比重；中口径的宏观税负，指税收收入和社会保障基金收入之和占 GDP 的比重；大口径的宏观税负，即全部政府收入占 GDP 的比重。目前被更多学者接受的是大口径的宏观税负。这一口径也和国际货币基金组织（IMF）2001 年制定的《政府财政统计手册》的口径最为接近，是当前世界通行的政府财政统计标准。

统一的衡量口径意味着一定程度上建立了比较的基础，而比较的本身却又是比较对象之间的差异。实际上，从国家宏观经济管理的角度看，不同的国家，至少有三个方面的因素影响着宏观税负的水平：首先是不同税收政策的理念（或者说不同国家财政税收政策的职能）；其次是不同国家的发展历史和经济发展阶段；最后是不同国家的经济体制机制。

税收政策理念的不同，既包括税收政策调整目标的不同，也包括实现税收政策目标路径选择的不同。国家的结构不同会决定国家的功能性差异，最终决定国家的整体福利水平。表现在世界各国的具体税收理念上，

出现了欧洲福利主义国家，这类国家的福利社会制度就要求是高税率，通过财富的再分配寻求社会矛盾的缓和，其出发点依然是相信市场的力量和追求效率，在此基础上的财政制度和税收制度。而以中国为代表的发展中国家，就要保持社会福利水平与国家发展能力的平衡，此时需要适当水平、相对稳定的国家宏观税负水平，并据此制定相应的财政政策与税收政策。美国为首的发达国家，并不是高福利社会的体制设计，其宏观税负水平的把握更多是保持市场经济的活力，因此，其财政与税收政策的选择就是相对稳定和保守的，从而给市场更多的投资能力和活力，税收结构与机制不同于欧洲高福利社会国家和中国这类发展中国家。

不同类型国家的税收体制机制不是一蹴而就的，是各国成长、发展过程中逻辑演进的，必然存在着路径依赖。因此，单纯地比较税收的比例是有失偏颇的，我们必须要考虑国家的发展水平与发展阶段，认识不同国家的宏观税负水平。比如美国，第二次世界大战后其宏观税负水平开始上升，到了里根政府时期开始下降，并逐渐稳定在25%的水平上下。欧洲诸国也是如此，随着经济发展宏观税负的水平逐渐上升，并结合欧洲福利社会体制的逐渐完善和形成，逐渐稳定在45%的水平上下。[1] 中国的宏观税负从1994年以后开始快速上升，到了2015年税收收入占GDP的比重达到18%，低于2013年发达国家26%的平均水平，接近发展中国家20%的平均水平。考虑社保收入后的宏观税负为25%，低于2014年OECD国家36%的平均水平。中国大口径的宏观税负，即广义政府收入占GDP的比例，2015年达到29%，这一比例低于发达国家43%的平均水平，低于OECD国家34%的平均水平，也低于发展中国家33%的平均水平，但接近或超过OECD中的低税负国家，比如美国、德国、瑞士、韩国、日本等国家。[2]

各国宏观税负水平还受到各国经济体制机制的影响，不同的经济体制通常会选择与之相适应的税收制度，进而决定其宏观税负水平。美国联邦、州和地方政府对税收的征收和使用相对独立，联邦、州和地方相互独立，没有上下级关系。税收法制化程度高，因此以直接税为主。美国联邦政府税收主要来自个人所得税、社会保险税；州政府税收主要来自所得税、一般销售税和总收入税；地方政府税收主要来自财产税。税制相对独立，以直接税为主。截至2018年底，美国的直接税达到3.64万亿美元，

---

①② 世界银行数据库。

占税收比重为 71.3%。美国的间接税达到 1.47 万亿美元，占税收比重为 28.7%。

中国 1994 年建立了中央、地方的分税制，但税权高度集中。中国根据税收的管理和使用权，划分为中央税、中央和地方共享税、地方税。税收主要来自增值税、企业和个人所得税、消费税，以间接税为主。税收的法制化程度不够健全，非税收入比重较大，地方自由裁量权较大。以 2018 年为例，我国直接税占比约为 40%，间接税占比超 60%。15.6 万亿元总税收收入中，除了 1.4 万亿元个人所得税之外，其余接近 90% 的税收是以企业为征税对象，包括增值税、消费税、企业所得税等。[①]

我们选取我国个人所得税的累进税率做一个简单的讨论：目前我国个人综合所得全年综合税额不超过 3.6 万元的部分税率为 3%，超过 3.6 万元至 14.4 万元的部分税率为 10%，超过 14.4 万元至 30 万元的部分税率为 20% 等，如表 1-2 所示。

表 1-2　　　　　　　　个人所得税税率表（综合所得适用）

级数	全年应纳税所得额	税率（%）
1	不超过 36 000 元的	3
2	超过 36 000 元至 144 000 元的部分	10
3	超过 144 000 元至 300 000 元的部分	20
4	超过 300 000 元至 420 000 元的部分	25
5	超过 420 000 元至 660 000 元的部分	30
6	超过 660 000 元至 960 000 元的部分	35
7	超过 960 000 元的部分	45

资料来源：国家税务总局。

第一种税收政策是实行累进递增税率，它属于稳定的财政政策，包括中国、澳大利亚等国家，其个人所得税很大意义上是为了使收入分配格局合理化，调减收入分配差距。在这种政策环境中，当居民收入达到某一区间时为什么就不愿意涨工资了？显然，因为高收入就对应着高税收，薪金增加的部分可能会被随之提升的税率冲减掉。

---

① 根据 2018 年《国家税务总局公报》测算。

以澳大利亚为例，在其2018年开展税改之前，个人所得税的要求是年收入从8.7万到18万澳币之间，累进递增税率从32.5%提高到37%，由于高税收使得相当多的纳税人工资提高后的税后收入与工资不足8.7万澳币时收入相差不多，因此，很多居民不愿意因增加收入而额外缴纳过高的所得税，因此会选择提职不提薪；只有当收入超过18万澳币时，税后收入才能得到实质性的提升。[①] 税收的结构实际上是影响国家的，这种看似是高税收的累进税率，实际上却因为税基较窄而不会得到想象中那么多的税金，所以这种税收政策对经济的刺激是不大的，与工资不能有效提升相对应的则是工作效率降低和社会动力不足。

此时，我们考虑第二种税收政策，当收入增加时累进的税率相应降低，在这种轻微刺激下居民更愿意为获取高工资、高收入而创造和生产，并且高收入也意味着消费的提升，消费可以将整个社会经济拉动起来。

再回到营改增的税负问题分析上，我们继续尝试通过完整的理论链条来做推导。我们知道营业税是对中国境内提供应税劳务、转让无形资产或销售不动产的单位和个人，就其所取得的营业额征收的一种税，在2017年营业税正式取消之前，其税率通常在3%到20%不等。而增值税是对商品生产、流通、劳务服务中多个环节的新增价值或商品的附加值征收的一种流转税。不同于营业税的比例税率所保留的一定税收空间，流转税意味着流转过程的每一个环节都要征税——这其实是中国古代税收管理的一个大忌。

《世界纳税指数》系列中中国企业总税费负担率很高的根源是企业缴纳的社会保障费过高，如表1-3所示。中国企业所得税税负率并不高，只有10.8%，在190个国家中排128位，比巴西、印度、墨西哥、美国、越南等国家都低。

表1-3　　　　　　　　　企业用工成本表（五险一金＋个税）

项目	个人缴纳费率（%）	企业缴纳费率（%）	个人缴纳额（元/人）	企业缴纳额（元/人）
养老保险	8	16	800	1 600
医疗保险	2＋3元/人	10	203	1 000
失业保险	0.2	0.8	20	80

① 黄晓珊：《澳大利亚税收新政概览》，载《国际税收》2009年第1期。

项目	个人缴纳费率（%）	企业缴纳费率（%）	个人缴纳额（元/人）	企业缴纳额（元/人）
工伤保险	—	0.5	0	50
生育保险		0.8	0	80
住房公积金	12	12	1 200	1 200
五险一金支出总额	—	—	2 223	4 010
个人所得税	—	—	83	
税后月薪			7 694	
企业总支出	—	—		14 010

资料来源：恒大研究院（以北京市为例），http：//www.yanjiubaogao.com/category/hong_guan_yan_jiu。

随着我国经济中第二产业比重下降和第三产业比重上升，经济从高速增长阶段迈向高质量发展阶段，需要兼顾经济建设和民生投入，因此，我国税制应进行改革，推进间接税为主的税制结构向直接税为主的税制结构转型。

大家如果看过《鹿鼎记》，可能还会记得其中康熙帝向韦小宝解释"永不加赋"[①] 的情节，其中"赋"就是"赋税"。中国古代长期实行依附于土地的以户税和丁税为主、以关税和市税为辅的税收制度，尽管税收制度一直在不停演变，但正如《盐铁论》所表达过的"税不可尽"的观点，多数统治者还是能意识到应该给税收保留一定的税基和税源，什一税论[②]是这种轻税主张的代表思想。

"税不可尽"换一种理解方式也可以称为"藏富于民"，这样的说法是有内在逻辑的：一个国家一旦发生了诸如战争之类的紧急状况，政府因为有未征税的税基存在，此时是可以临时加税以筹措资金的。如果在平时就把所有可以征收的税源都征收殆尽，那么国家在进入紧急状态的时候将没有税收基础，这会是非常危险的。

这里我们应该注意到，税收政策的研究方法也不能脱离逻辑本身。有

---

① 《鹿鼎记》第二十四回《爱河纵涸须千劫，苦海难量为一慈》。
② 什一税论：古代主张采取1/10税率的轻税主张。作为一种轻税政策主张，什一税论是反对重税的鲜明旗帜，《论语》《孟子》《管子》中皆有提及"什一税论"的主张，主张"国中什一使自赋"，征收1/10的农业单一税。

时候我们讲到一个理论时经常会使用一些数据给这个理论做支撑，但是当具体数据都已经被用到的时候，就说明这是非常细枝末节的具体内容了。我们可以仅从理论高度上去做情境推演，不需要依靠数据的归纳总结就能够得到想要的结论。

举一个例子，大家可以思考一个问题，从目前的市场状况来看房地产的价格会下降吗？我们可以先抛开数据，从理论上一步一步推导。国民经济发展趋势是一个博弈的过程，在房地产市场里主要有四个力量可以参与博弈：第一股力量来自政府，政府通过向房地产商出售土地和征收税款以获得财政收入，因此不会希望房地产降价；第二个角色是房地产开发商，考虑到个人收入和企业发展等因素，他们肯定是不会希望房地产价格走低的；第三种参与者是房子的使用者，也就是已经拥有房产的那一部分消费者，他们希望自己手中的房产可以保值增值，因此也是不希望房地产价格下降的；第四个是银行，他们希望房价走高，有更多的消费者前来贷款，以增加银行的营业收入。如此来看，真正希望房地产价格下降的只有消费者中没有房产的那一部分，没有房产的消费者又恰恰是所有博弈方中力量最弱势的部分，根本无法左右房地产价格。这也就意味着，只要房地产市场不具备崩盘的理由，房地产价格就会一直走高。政府因为土地财政的需要，只要有机会就会让房价上涨；金融机构同样，只要有资金就会向房地产市场流入，不论买房、卖房还是建房，他们都可以从中得到收益。在这样的状况下，我国的房地产市场价格是有黏性的，很难下降。

经过简单的分析，不通过任何具体数字就可以推导出结论，把大趋势看清楚了之后，我们就会发现数据只是一种表现形式。

第二章

宏观视角理解的投资

在开始这一部分的讨论之前，先考虑一个问题，什么是投资？我们可能会听到这样的一些回答。比如"投资主体为了获得收益而与对方签订协议，实现互惠互利并输送资金的过程"，或者"特定经济主体在未来可预见的时期内获得收益或者资金增值，在一定时期内向一定领域投放足够数额的资金或实物的货币等价物的经济行为"，再或者是"货币收入或其他任何能以货币计量其价值的财富拥有者牺牲当前消费、购买或购置资本品以期在未来实现价值增值的谋利性经营性活动"。得到这样的答案并不奇怪，因为这就是以萨缪尔森①为代表的主流经济学家编写的教科书上对于"投资"的定义。为了未来获取收益，而现在放弃的消费就是投资。如果说的是放弃消费的行为，就是投资的动词解释；如果说的是放弃消费的资金额度，就是投资的名词解释。

萨缪尔森是芝加哥学派的代表人物之一，他的导师富兰克·奈特②是芝加哥学派的创始人，也是6任诺贝尔奖得主的老师。由于奈特一派师门传承都在芝加哥，他们继承了经济自由主义思想和社会达尔文主义，信奉市场自由竞争机制，强调市场机制的调节作用，这一流派的学者们便被称之为"芝加哥学派"。

奈特是一位传奇经济学家，在授课过程中他发现一些仍然是模糊不清、悬而未决的经济学问题，他就会将这些问题抛出来，交给他的学生们进行深入研究，而他的学生们——包括米尔顿·弗里德曼、乔治·斯蒂格勒、罗纳德·科斯等人——在奈特提出的问题基础上拓展和深入，最后都成为了经济学领域的顶级学者，相继获得诺贝尔经济学奖。

---

① 保罗·萨缪尔森（1915~2009），美国著名经济学家，1970年诺贝尔经济学奖得主，其研究涉及经济理论的诸多领域，例如一般均衡论、福利经济学、国际贸易理论等。
② 富兰克·奈特（1885~1972），芝加哥学派（经济）创始人。

在奈特之前，更有名气的经济学家是约瑟夫·熊彼特①，他因为"五种创新""创造性毁灭"等理论而在近年被国人追捧。这些代表人物及其经济思想的理解是我们深入讨论"什么是投资"的关键背景，有助于我们后续理解宏观经济运行中的投资。

第一节 投资理解的同与不同

《资本论》中劳动价值理论最后得出的结论是资本主义生产过程、价值增殖的过程和资本财富积累的全部基础，其理论是建立在剥削雇佣工人剩余价值之上的。而后西方又提出了"效用价值理论"，认为物品满足人的欲望的能力或人对物品效用的主观心理评价可以解释效用及其形成的过程。说到底，价值是怎么产生的？现在仍然没有达成全面的共识。而投资是在价值理论基础之上的一个概念，其理解似乎并没有那么大的差异，不论价值性质和形成的过程是什么，投资都是价值在时间上的一种配置，或者说一种安排，通过时间上的配置、安排实现价值的最大化过程或是结果。有意思的是，在宏观经济运行中投资的配置过程如果有巨大差异，似乎也会带来截然不同的结果。

一、投资与经济危机

当亚当·斯密②提出"看不见的手"的理论的时候，投资的理解和认识并没有太大的分歧，各流派基本认为这个理论是成立的。投资会自动寻找能够形成超额利润的部分，超额利润吸引了大量资本流入，供给和需求在波动中使价格回归本源，直到达到市场出清，这是得到了广泛共识的理论。但是这只"看不见的手"能实现什么样的效果，并没有形成共识。

在看不见的手理论中存在一个有趣的悖论：资本家费尽心思进行投资，但是经过市场这只"看不见的手"的调节，最后得到的结果却是一个平均利润，这显然不是资本家预期的或是期待的结果。对此的解释是，每

---

① 约瑟夫·熊彼特（1883～1950），美籍奥地利经济学家。被誉为"创新理论"鼻祖，其"创造性毁灭"理论被广泛引用。

② 亚当·斯密（1723～1790），英国经济学家、哲学家、作家，经济学的主要创立者，被誉为"经济学之父"。

一个资本家进行投资的目的都是争取超过平均回报水平的利润，即超额利润，只是在投资过程中有的人成功了，有的人失败了，才形成了一个平均的利润水平。

基于这个现象，熊彼特提出了"创造性毁灭"的理论——创新既是创造，又是毁灭。[①] 也就是说资本家不会甘于仅仅获得平均利润，一方面他们会遵循规律逐渐向平均利润靠拢，另一方面他们又会人为地创造能够产生新的超额利润的环境。

举一个简单的例子，假如我们教室里有 12 个学生，共同组成一个小的经济体，我们每人每个月只喝 1 瓶可乐，每个月要消费 12 瓶可乐，而市场上有刚好够我们喝一年的可乐数量。作为个人消费来说，通常不会一次性买足一年份的可乐，假设每次只购买 1 瓶。这时候，我们之中有一个人作为资本家，通过向银行借贷等方式筹集资本，买下了其余所有的可乐。一个月时间过去，一个人当月的可乐消耗完想要再购买的时候，就会发现市面上已经没有可乐了。这就是资本家利用资本人为地创造出了供给不足的情况。此时资本家再将囤积的可乐以翻倍的价格售出，就可以获得超额利润。市场本来是平衡的，但是资本人为地创造了不平衡，"看不见的手"想要带来的结果可能是达到均衡，但是当"某一只手"的力量足够大的时候，它就不会维持均衡，而是破坏均衡攫取利润最终导致经济危机。

放到我们当前的现实中，最符合这个例子的典型行业就是金融行业。金融资本聚集速度非常快，金额非常大，能在短时间内控制某些行业和领域的生产和销售，影响该领域的供给和需求，人为地创造出偏离均衡的环境。这是熊彼特对于经济危机的一种解释——当资本不足以操纵市场价格的时候，市场参与者们会服从市场的价格规律，"看不见的手"会发挥调节的作用；但是当资本家拥有足够多的资本能够"囤积居奇"的时候，就会通过控制供需来操纵价格，从而打破"看不见的手"的作用机制，最后造成经济危机。

新中国成立初期在上海打的那场经济战也是同样的逻辑。当时部分资本家从银行借贷大量资金，囤积了上海大部分的粮食和药品等物资，在供

---

① "景气循环"，也称"商业周期"（busineos cycle）——是熊彼特最常为后人引用的经济学主张。"资本主义的创造性破坏"（The creative destruction of capitalism）就是当景气循环到谷底的同时，也是某些企业家不得不考虑退出市场或进行"创新"以求生存的时候。只要将多余的竞争者筛除，或是有一些成功的"创新"产生，便会使景气提升、生产效率提高。

不应求的市场环境中哄抬物价，趁机攫取超额利润。新任中央财政经济委员会主任不久的陈云到上海主持召开全国财经工作会议，制定了"全国支援上海，上海支援全国"的方针。"全国支援上海"是什么意思呢？一方面，陈云统筹了华东、华中、华北、东北、西北五大解放区的粮食和药品等物资，全力支援上海；另一方面，陈云统一全国财政工作，缩紧银根，人民银行总行要求除特殊批准外，一律暂停贷款，同时按约收回贷款。各大城市同时征收几种有收缩银根作用的税收，并要求私营企业不准关厂且必须给工人发工资。这些措施对"囤积居奇"的投机资本家形成了前后挤压之势。① 这就对应了我们前面讲到的投资的前提，货币能够影响实体经济——如果收紧银根，减少货币的供给也就增加了投资的成本，压缩了投机获利的空间。

"看不见的手"的理论在亚当·斯密时期是成立的，但是资本家们在不断地试图突破"看不见的手"的禁锢，所以当他们掌握了足够的货币和金融资产的时候，他们就几乎可以操纵一个行业。最近的几次经济危机都是从金融行业掀起的，是因为现在金融资产聚集的速度已经远远超过以前了，五年或者十年的时间就可以产生一个金融大鳄，在某些行业里翻天覆地的"折腾"。

直到今天我们还一直在探讨金融危机到底为什么会发生，熊彼特在1934年给出的答案就是"创造性毁灭"。熊彼特还进一步认为，每一次创造的过程都是打破平衡的过程，但是当某一产业又重新有利可图时，它又会吸引新的竞争者投入，然后又是一次利润递减的过程，达到一个更高水平的均衡。所以说每一次的萧条都包括一次技术革新的可能，这句话也可以反过来陈述为：技术革新的结果便是可预期的下一次萧条。在熊彼特看来，资本主义的创造性与毁灭性因此是同源的。

"创造性毁灭"在熊彼特的时代体现得还不是特别显著，到了20世纪40年代至70年代其破坏性才越来越凸显出来，而且影响越来越大。根据"囤积居奇"机制我们可以预想到，本来可以购买一年份可乐的钱，现在买到6个月的时候就已经花光了，资金大量流入资本家手中，贫富差距进一步扩大，造成了越来越多的家庭的流离失所，失业率居高不下。如何解决这个困境呢？

我们或许可以从奈特的理论中做进一步的探讨。奈特的博士论文后来

---

① 赵全厚：《从新中国第一场经济战看党的执政能力》，载《中国财经报》2021 年 5 月 25 日。

出版成书，也就是著名的《风险、不确定性和利润》。他提出了两个经典问题：第一，为什么会发生经济危机？是因为我们在经济体系内要面对外部的不确定性，这就相当于我们在用一个确定性的体系去面对一个不确定的环境，从哲学的角度来看，这个问题是无解的。我们知道，在经济体系中有生产者、消费者、政府、金融机构……我们可以描述出我们的体系。但是外部呢？是不确定的。在《风险、不确定性和利润》一书中，奈特正是从理论条件下竞争与实际条件下竞争的不一致性出发，即从对完全竞争与不完全竞争的分析入手，通过引入不确定性概念，尤其是通过区分两种不同意义的不确定性概念，即风险（risk）与不确定性（uncertainty），揭示了理论上的完全竞争与实际竞争之间的本质区别，从而揭示了利润的来源。为了说明利润的来源，奈特用"风险"指可度量的不确定性，用"不确定性"指不可度量的风险。我们的经济体系需要不断地从外部获得能量，由于不确定性的存在，我们只能不断地探索，将探索清楚的部分划分到"风险"。探索的过程并不是一帆风顺的，我们经常会因为无法摸清"不确定性"而陷入经济危机，待经济逐渐复苏后，再重新开始探索。"不确定性"永远存在，所以最后奈特得出的结论是：经济危机是无法避免的，它是我们探索不确定性世界的一种必然过程的体现。由于经济危机的不可避免性，我们就尽量降低风险以保证利润，因为风险是具有概率估计可靠性的，因此也具备了成本保险的可能。但是我们仍然要明白，利润理论之所以得以成立，是因为真正的"不确定性"，而不是"风险"。

熊彼特告诉我们，创造性毁灭的结果就是可预期的下一次萧条。奈特则进一步说明，我们用确定性的体系无法解决不确定性的问题，经济危机的阶段性发生是无法避免的。理论发展到这一步，是从资金的当期使用还是延期使用开始的。由于获得超额利润的动机驱使，"无形的手"并不总是有效。一旦有人突破了无形的手的指挥，就可能形成经济危机。创新给资本的聚集和垄断的产生提供了机会，给打破无形的手的指挥提供了可能。无论是从人类的欲望角度出发，还是从人类探索未知领域的好奇心角度考虑，总之，目前看经济危机的存在是不可避免的事实。

二、投资与社会性质

尽管如此，经济学家们还是期望能够或多或少地解决一部分经济危机问题，随着经济学的继续发展，逐渐衍生出两个流派。

一派是以奈特的学生哈耶克①为首的奥地利学派，继承了奈特的思想。哈耶克在成名作《通向奴役之路》中延续了对风险问题的研究，他认为既然经济危机无法避免，那就着力于减轻危机带来的损失。资本家虽然也在危机中遭受损失，但是至少不会流离失所，危机的大部分风险都由普通民众承担了，因此经常会引起社会动荡不安。应该通过税收、转移支付等手段来均衡社会财富以建设福利社会，当经济危机到来时，社会财富共同减少，资本家和平民共同来进行风险分担。哈耶克提出的减少贫富差距的手段同时也可以在一定程度上缓解资本的剥夺。在这个体系中，遗产税是起着重要作用的一个环节。根据哈耶克的思想，资本如果是由继承而非通过劳动取得，那显然是有失公平的，因此遗产在进行继承的时候应该缴纳高额的遗产税，往往需要交付40%～50%的比例。② 高额的税收使得个人资本迅速缩水，继承了遗产的资本家也无力继续通过投资操纵市场，从而逐渐消弭贫富差距。哈耶克在之后出版的《自由秩序原理》中又回答了在有限的条件下怎么保证社会秩序的问题，提出了从遗产税到医疗保障等的高福利社会的构建。

另一个学派是波兰经济学家兰格③推崇的计划经济学派，他在著作《社会主义经济理论》中认为经济危机的破坏并非是不能控制的，他认为所有要素都可以数量化，并且应该把所有资源都进行平均分配。还是用可乐的例子，既然知道市场上有足够所有人一年喝的可乐，为防止囤积可以规定每人每个月只能买1瓶，或者进一步，采用票证制度销售可乐。该理论可以说从根本上消灭了投资行为的可能性，从生产到销售全部采取计划的形式，制定一个巨型矩阵以进行资源分配。

哈耶克曾经批评过兰格的矩阵理论，认为以人类现有的计算能力无法完成对资源配置矩阵的计算。两人在经济理论上进行了相当长时间的交锋，这是他们争论的起点，也可以说是现代经济学的分野点。他们的理论出发点都是为了解决奈特提出的"用确定性系统面对不确定性风险"的问题。现实也在两大理论指导下进行了不断的实践，结果是资本主义的西方经济社会危机不断，只能通过不停地改革逐渐步入福利社会；计划经济也

① 弗里德里希·奥古斯特·冯·哈耶克（1899～1992），英国知名经济学家、政治哲学家，1974年诺贝尔经济学奖得主。
② 胡绍雨：《遗产税的国际经验借鉴》，载《武汉科技大学学报》（社会科学版）2016年第2期。
③ 兰格（1904～1965），波兰经济学家、政治家、外交家。提出了兰格模式，即实现资源合理配置、充分利用高效率增长的经济运行模式。

没有取得成功。

1978 年中国改革开放，继而建设社会主义市场经济体制，一种全新的宏观经济运行的探索才重新展开。中国开始社会主义经济建设时，我们发现如果完全依靠计划经济已经无法完全解决面临的问题，因此我们先打开了市场，但是要注意的是，我们并没有放开投资。我们通过放开了的市场产生需求，以需求引领工厂进行生产，但是国有工厂的投资来源依然是政府。直到 2004 年国务院印发了《关于投资体制改革的决定》，提出了"转变政府管理职能，确立企业的投资主体地位"，才真正明确了企业在我国市场经济的投资主体地位。事实证明，我国先开放消费品市场，再由市场产生投资需求的决策是正确的，正是这个有先有后的过程才没有使得资本迅速聚集到少数人手中，造成贫富悬殊的局面——而是走了共同富裕的道路。经过一段时间的资本聚集，资本才具备了西方经济学里的"货币干扰实体经济"的能力。

我们平时在提到投资的时候，其主体通常被认为有三种类型，分别是"家庭（或个人）投资""企业投资"和"政府投资"。到这里我们可以结合自己的宏观经济学知识来对两个概念做一个区分，分别是资本主义（capitalism）和社会主义（socialism）。其实这两个概念很大的分歧来自于投资的不同，而投资的不同又来自于一个前提假设：货币是能够影响实体经济的。由于投资主体的不同，导致一系列的经济和社会运行模式的差异，如果货币不能够影响实体经济，投资有时候就不能发生，资本主义和社会主义的区别也不会如此之大，甚至不会出现了。在回答"什么是投资"的问题时我们总会说到"在未来可预见的时期内获得收益或者资金增值"，这其实是投资的一个结果性的表现。需要注意的是回答中的"资金"这个词，与之相关联的另一个词叫作"资本"。其实在西方经济学初入中国的时候，capital 作为一个完全的生词并没有现成的经济学术语可以翻译，因为这个词同意识形态属性结合在一起。薛暮桥等老一辈经济学家经过研究，将 capital 这一结果性词汇翻译成了"资金"这样一个过程性词汇，"资金"是货币向资本运动过程中的一个中间阶段，是流向投资属性的一个流量过程。①

从投资的角度来纵观整个经济发展史，我们发现谁投资、投资多少，决定了社会运行模式的选择。按西方经济理论来说，家庭和企业的投资都

---

① 曹龙虎：《近代"Capital/资本"译名问题考略》，载《江苏社会科学》2016 年第 4 期。

是按照市场规则进行的，甚至政府的投资都需要采用政府采购的形式，应该将政府置身于市场主体之中，去遵循市场的规则。

在不断摸索的过程中，中国走出了一条中国特色的社会主义市场经济道路，率先提出了混合所有制经济。在这个混合所有制经济框架下，消费品由市场自由竞争，生产由国有企业来主导。国资委管国有企业，发改委管建设投资，这样就能更有计划地统筹安排实物投资和基础建设投资。把投资放在宏观经济的大前提下来看，就会发现投资是稳定国家经济的根本性要素，投资的比例一定程度上决定经济的属性，只要保持一定的投资比例或是投资的决定权，我们经济的属性就不会动摇。

回顾我们第一章讲述过的凯恩斯的"货币幻觉""温和的通货膨胀"等理论，我们就会发现，国民经济中很多领域的投资是市场失灵的，或是企业的投资力量是无法做到的，因此还是需要政府来制定投资计划，政府的作用逐渐凸显。这个逻辑不仅是在中国有效，我们可以发现美国等西方国家也在慢慢走向混合所有制经济。

第二节　投资主体与中国的投资体制改革

在过去的40多年里，中国曾因为经济体制变革出现了几次大的投资机会，这些机会就是投资者眼中所谓的大趋势，比如股票市场的建立、国企改革或是房地产市场快速发展。这些变革所带来的投资机会无论对于企业还是个人都是利好。而投资体制变革的本质是投资主体、比例、结构的调整，并由此影响了宏观经济运行。所以，理解这其间的因果联系与宏观背景，对于把握中国宏观经济运行的整体趋势至关重要。

一、投资主体决定宏观经济运行的方式

无论是马克思，还是萨缪尔森、马歇尔这些学者，都认为投资主体决定了宏观经济的运行方式，投资主体的比例则决定了投资的整体结构和经济平稳性。从重农主义、重商主义，再到目前的新市场经济，宏观经济的整体结构是随生产力的发展而演变的。在重农阶段，真正的全球贸易还没出现，宏观经济学的四部门结构还未成型，现代的宏观经济体系与理论尚未形成。同时，货币与实物也未脱离，因而金融工具几乎是无法操作的。

到 18 世纪 60 年代左右，英国第一次工业革命开始，蒸汽机得以出现，再到 19 世纪中期进入第二次工业革命，人类进入"电气时代"。两次工业革命极大地推动了社会生产力的发展，物质资料开始丰富，人类财富也急剧积累，这使得经济学家开始转向思考，市场运行的动力究竟是需求还是供给？而之后爆发的经济危机进一步催生了这一经济思想的发展，萨伊定律和凯恩斯主义也在这一背景下应运而生。

到这一时期，从生产力的发展到生产方式的变革，再到生产结构的变化，宏观经济体制已经出现了计划与市场两种体制。这两种体制在整体经济架构与要素上并没有本质区别，而之所以会形成两种截然不同的体制则是通过投资来实现的。以投资道路项目为例，美国的第一条铁路就是通过私人投资而筹得资金，且随着贯穿美国东西部的铁路建设，产生了一系列的金融创新。因为单纯靠个人投资无法支撑如此大的项目投入，所以需要集结所有可以采用的工具融资，包括债券、股票市场等各类金融工具。投资主体又会决定之后的经济流，比如这个铁路是私人投资建设，之后铁路的定价权也会归开发商所有。而如果是政府投资，定价权就必须考虑社会福利，规则也就不一样。因此，生产的过程以及需求满足过程的定价权是具有决定性意义的。如果是政府在投资主体结构中占绝对主导位置，就是计划经济体制；如果是企业或个体占据主导，则是市场经济体制。

如果将中美两国的投资主体相比较，不难发现两国的资本市场是存在结构性差异的。美国主要以企业投资和政府投资为主，而中国则存在三类投资主体，即家庭、企业和政府。导致这一结构差异的原因很多，一个比较明显的区别由两国的家庭投资比例差距可见一斑。从美国的历史来看，在经济发展的整个过程中，虽然家庭投资始终是放开的，也从未有任何措施去限制家庭投资，但其所占比例从未超过 15%。这在证券市场的表现就是散户比例很低，个人投资者持有的市值占比仅为 4% 左右，机构投资者〔包括投资顾问（以公募基金为主）、政府、银行、保险、私募、养老金、对冲基金、风险基金、捐赠基金〕持有市值占比高达 93.2%。相比之下，中国 A 股个人投资者持有的自由流通市值占比达到 53%，机构投资者占比 48%[1]。这是由于美国民众倾向于将理财全权委托给专业机构，这也是美国金融市场高度专业化的体现之一，而中国民众更多是自己进入股票市

---

[1] 王汉锋、林英奇：《中国 A 股的机构化和国际化：还是"散户"市场吗？》，中金公司研究部 2019 年 7 月 2 日。

场操作。

更进一步来看，市场结构究竟以市场为主体还是以计划为主体，这是由市场供给和需求的价格的形成机制决定的。在市场经济体制中，价格由市场供需决定；而在计划经济体制中，政府部门认为自身可以计算出商品市场的最优解，因此也由其决定价格。事实上，结合前面阐述的投资与市场体制的关系，选择何种机制这一问题，可进一步演化为我们社会究竟是承担经济危机成本，还是计划成本，也就是在经济危机成本和效率损失成本间权衡。这就衍生出另一个现象，西方经济学家极少提到投资效率，因为他们的经济体制已经默认了，无论是机构投资还是企业投资，都会权衡自身投资效率。但计划经济背景下的学者多会研究投资效率的问题，那是因为投资效率在计划经济体制下是由政府投资主导的问题，这其实也是符合中国国情和特色的研究问题。

我们已经论述了投资主体决定宏观经济结构，因此解决宏观经济运行难题本质上是解决投资主体的问题。只要调整投资主体的比例，宏观经济结构自然会发生变化，这也是为什么投资在宏观经济中占有如此重要的位置。但在改革开放以前，中国的经济体制从未经过严谨科学的探讨与设计，而是逐步摸索得出的。经济学家真正走上历史舞台、影响决策的标志性事件是1984年召开的莫干山会议（又名"中青年经济科学工作者学术讨论会"）。在这次会议中，数百位不同背景、不同年龄层的经济学家汇集在莫干山，就价格改革、工业管理体制和企业活力、对外经济开放、多功能中心城市、金融体制改革等一系列经济体制改革关键性问题进行探讨，为中共十二届三中全会的经济体制改革方案提供了重要思路。张维迎、周其仁、华生等经济学家当时都参与了莫干山会议，这次会议也被称为"经济改革思想史的开创性事件"。

直到现在，中国经济学家们还在不断探索中国经济持续发展的解决之道。中国的投资体制改革进展到今天，发展的是混合的增长结构，也就是混合经济。"混合经济"是指既有市场调节，又有政府干预的经济。在混合经济体制中，核心的问题依然是效率和公平。试图通过市场机制的自发作用，解决生产什么和生产多少、如何生产和为谁生产的基本问题；而在市场机制出现问题时，则通过政府干预以促进资源使用的效率、增进社会平等和维持经济稳定和增长，此时成本和效率就是问题的关键。正如之前强调的，投资主体决定宏观经济运行方式，因而问题可以进一步推演为投资主体的比例结构应该如何？目前全世界只有中国做了这样的经济体制改革实验，并取得了巨大的成功。所以这就是带有中国特色的关键问题。

二、中国投资体制的变迁

不难发现，投资主体其实就是中国经济改革的核心，而投资主体通常就是生产主体。西方经济学所讲的投资主体主要是企业，这是因为西方国家主要依靠企业投资。中国的投资体制改革是在经济体制改革 20 年之后才提出的，标志性事件是 2004 年出台的《国务院关于投资体制改革的决定》。这一文件是我国改革开放以来投资领域最全面、系统、权威的改革方案，确立了投资体制改革的总体目标——最终建立市场引导投资、企业自主决策、银行独立审贷、融资方式多样、中介服务规范、宏观调控有效的新型投资机制。虽然在 2004 年才出台投资体制改革方案，但中国的投资体制始终处于不断演进的过程。有几本书很好地阐述了中国投资体制改革的历史，如吴晓波的《激荡三十年——中国企业 1978—2008》、汪同三的《中国投资体制改革 40 年》、厉以宁的《非均衡的中国经济》等。

回顾这一段历史，可以让我们更深刻地体会宏观经济运行与投资的密切关系。

（一）计划经济时代（1956～1976 年）

我国从 1956 年开始借鉴苏联的计划经济体制，"一五"发展规划也是从这一年开始实施。"文化大革命"期间经济基本停止运行，这一计划经济体制也一直延续到 1976 年。在这期间，政府是唯一的投资主体，国家通过指令性计划和行政机制控制投资项目和企业的经营活动，因此这一时期的投资问题主要关注的是投资主体的投融资渠道与管理体制。政府的资金来源渠道主要是税收，投资渠道则为政府拨款，比如中央政府做了计划今年修多少条公路，中央财政就将修路的钱拨给省政府，各省政府再分配到省道县道的建设之中，而之后的建设过程则由项目指挥部负责。但这一指挥部既不是项目的发起方，也不是项目的使用方，只是受发起方的委托将项目建成。因为项目的建设方并不了解这个基础设施的需求全貌，也不用对这个项目运营后的效果和需求满足程度负责，只需根据图纸修建即可，这一定程度上导致了该时期我国的建设质量无法保证。

这 20 年间，无论中国的政治、社会环境如何变化，计划从未停止，整个经济体系全部依赖政府投资与分配。但实际上，这一体系蕴含的变量太多，不是人为能够穷尽预判的，这也就很容易导致一个后果——计算出的数字与现实需求完全不匹配，而且不匹配也需要按计划执行。所以计划经济体制下，供需不匹配是一个必然结果，而且会不断恶性循环。当时供需不匹配的一大重要表现就是物资短缺。比如每个人的猪肉配额都是固定的，从养猪人的角度，超额养猪就会导致猪肉过剩，所以根据计划养猪的数量是固定的，拨款也是固定的。那剩余的财政拨款去向哪里？很多投向基础设施建设，至于这个基础设施是否必要，就不在考虑范围之内了。

从投资角度看，计划经济体制还会带来一个大的问题——投资需求膨胀。既然政府是投资主体，且中央政府负责统一计划，那这一总量如何在各省份间分配？其中有许多决定因素，每个省在争取分配资源的时候也会努力突出自身特色。比如当时重工业主要分布在东北，所以东北争取道路财政拨款的时候主要以服务重工业为主，这就导致东北的许多道路都是资源导向，而非生活导向。当时全国修路集中在东北，对南方而言，尽管人口密集但道路基础设施不足，因而南方的道路投资需求也很旺盛。在这种情形下，毫无疑问每个省、每个部门都去争夺资源，也就导致投资需求的膨胀。我国中央政府在计划经济体制下的 20 年也主要在管理投资需求膨胀的问题，也就是控制投资规模。

（二）改革开放前端（1978～1984 年）

直到 1976 年之前，政府投资占据绝对主导作用，过高的政府投资比例也必然导致了供需不平衡，而且不匹配的现象愈演愈烈，造成了诸多社会问题。1978 年党的十一届三中全会确立了解放思想、实事求是的思想路线，拉开了改革开放的序幕，投资主体的变革也随之提上了议程。但究竟如何改依然是一个未知问题。当时存在三种观点：一是要保证国家的主体地位，也就是认为问题并不在于国家控制，而是在政府投资的过程中出现了偏差，计划不到位，所以需要改进的是政府的计划能力；二是计划经济体制依然要坚持，但是国家调控的弊端在于对于地方情况掌握过少，而且涉及变量过多，难以计算匹配准确，因而需要将调控的权力下放至省一级；三是以陈岱孙、吴敬琏等为代表的经济学家认为应以企业为投资主体，政府不应再主导具体投资。

1978～1984 年，学界就这三个观点一直争论不休。1981 年左右开始，中国派出了大批代表团去世界各地调研交流。时任国务院副总理的谷牧带队去美国访问，有人认为他也是中国经济改革史上有巨大贡献的经济学家和管理者。随后邓小平才访问美国，进而我国放开了企业投资。

在 1979～1983 年期间，中国进行了很多经济体制改革的探索，其中包括决定试办深圳、珠海、汕头、厦门经济特区并允许外商直接投资，开始编制多渠道资金在内的综合基本建设计划，推行国营建设施工企业实施合同制与经济责任制，引入建设工程投标招标竞争机制等。到 1984 年，党的十二届三中全会通过了《关于经济体制改革的决定》，明确指出我国的社会主义经济是有计划的商品经济。中国已经走出了经济体制改革的第一步，这时基本建设资金的来源也不再是纯粹的财政拨款，而是"拨改贷"，即按照资金有偿使用的原则，改财政拨款为银行贷款。"拨改贷"意味着企业不但可以使用所有的利润，还可以通过市场化方式融入资金进行投资。这不仅进一步强化了企业的投资主体地位，而且资金的有偿使用也建立起了投资的微观约束机制，即企业需承担一定的投资风险。当时"拨改贷"的企业也是国有企业，因为民营企业还没有成熟，都是个体户，但单纯国企的"拨改贷"也起到了明确主体的作用，建设方不再像计划经济体制时期采用指挥部的方式，而是需求方自行组织建设团队，成立以法人为单位的项目制。这意味着政府开始从唯一的投资者和投资活动的指挥者转变为综合管理各投资主体投资活动的角色。

同时，中国改革开放经历了农村转向城市的过程。不同于西方的改革，中国改革开放是从农业改革开始的。开创家庭联产承包制先河的安徽省凤阳县小岗村，当时由于生计难以维持，1978 年 18 位农民签下"生死状"，将村内土地分开承包，第二年便实现了粮食大丰收，1979 年的粮食产量相当于 1966～1970 年 5 年的粮食总产量。① 这一模式在安徽省其他地区迅猛推进后，1980 年 9 月中共中央印发《关于进一步加强和完善农业生产责任制的几个问题》的通知，并在 1981 年中央一号文件正式明确其为社会主义性质的生产责任制，自此家庭联产承包制在全中国迅速普及。制度的变革以及生产方式的现代化使中国粮食产量迅速提高，粮食逐渐从短缺到富余。"包产到户"的方式本质上恢复了市场经济，这并不是工业生产的过程，而是农产品的生产，整个农业改革针对的是需求方。需求的大门被打开并形成有效需求之后，中国 8 亿农民对工业品的需求给工业企业改革带来了巨大的压力与动力。所以从 1982 年开始，改革逐渐走向了

---

① 胡鞍钢：《国情报告·第七卷·2004 年（下）——从农村改革到全面改革（1978～1992年）》，党建读物出版社、社会科学文献出版社 2012 年版。

城市，走向了工业，而且农业改革也为工业改革提供了原材料。这是中国改革开放的一个重要特点，因为其是从家庭投资开始的，这段时期也是中国家庭投资占整个生产投资比例最高的时候。

（三）经济体制改革攻坚期（1984～2004 年）

1985 年开始，"拨改贷"在全国全面推开。同时，中国工商银行、中国农业银行、中国银行和中国建设银行作为具有商业性特点的专业银行从人民银行中分离出来，专司货币存贷业务，因而企业能够以商业贷款的方式，从专业银行中获得社会各类原始所有者的消费剩余资金。也就是从这时候开始，中国出现了银企关系问题。"拨改贷"和一同进行的两轮"利改税"均扩大了国企经营自主权，而且"包死基数，确保上交，超收多留，欠收自补"的原则在前期充分调动了企业的积极性。再加上个人投资、外商投资不断扩张，全社会经历了一轮新的投资扩张高潮。在 1984年至 1992 年期间，贷款量激增，建设需求旺盛，随之也导致了高达 25%的通货膨胀率。而许多国企在这一投资热潮中，并未作为一个独立自主的个体来管控企业风险，"预算软约束"不仅使其依然抱有财政兜底的心态，盲目扩大经营规模，而且不断依靠银行和其他信用形式来解决营运资金不足的问题。与此同时，许多国企对市场缺乏合理认知，许多产成品不适销或是根本没有销路，进而形成产品积压。根据国家统计局测算，到 1991年 4 月末，预算内工业企业产成品资金占用额比上年同期增加 240.6 亿元，比年初增加 166.5 亿元。产成品资金占定额流动资金的比重达34.5%，比去年同期上升 2.7 个百分点，大量的产品积压导致工业再生产循环渠道发生梗阻，据测算，1991 年初至 4 月末预算内工业产成品资金占用的增加额就相当于同期全国工业流动资金贷款增加额的 90%。[①] 800 亿元产成品积压使得产成品占用资金上升，生产资金极为短缺，这又进一步加剧了企业经营亏损，营运资金无法周转，更无法偿付其扩张时期的贷款，进而形成了相互拖欠现象。此外，由于建设项目超概算严重、当年投资计划安排不足和自筹资金不落实，致使基本建设、技术改造项目的投资缺口严重，也造成了生产企业之间生产材料、设备贷款和施工工程款的大量拖欠。因此，大量国企陷入了投入—产出—积压—拖欠—再投入—再产出—再积压—再拖欠的恶性循环，而银行作为贷方则形成了大量的坏账，

---

① 张卫华：《当前工业生产和市场情况分析》，载《中国统计》1991 年第 8 期。

陷入信用危机。

　　这一连锁债务关系也被称为"三角债"。到1991年6月，全国三角债累计高达3 000亿元左右，严重影响了国民经济的正常运行，解决"三角债"问题也就成为了刻不容缓的任务。时任国务院副总理的朱镕基随即采取了"解连环，全面清"的政策，以固定资产投资拖欠债务为源头，既清理债权也清理债务，一手清理固定资产投资拖欠，另一手适当清理流动资金拖欠。通过全面清理，截至1992年末，全国共注入清欠资金555亿元，清理固定资产投资和流动资金拖欠款共2 190亿元①。

　　经济体制改革进行到这一时期，依然会有不同的声音，尤其是在"三角债"之类的问题出现以后。尽管我们现在可以笃定地判断这些问题是由于改革初期尚未熟练掌握市场经济规律或是控制市场经济能力不足导致的，但在当时，仍然有部分人认为是道路选择错误的原因。而部分坚定的改革者则坚持认为这一切问题都是因为改革不彻底所导致的。当国有企业出现大面积亏损之后，如表2 - 1所示，作为新一任国务院总理的朱镕基指出，国企亏损的关键原因之一就是在于重复建设、人员冗杂以及企业领导班子不称职、不懂行、不会管和挥霍浪费。②

表2 - 1　　　　　全国国有企业盈利亏损状况（1990～1998年）

年份	国有工业企业亏损面（%）	亏损国有企业亏损额（亿元）	全部国有企业实现利润（亿元）
1990	30.3	932.6	491.5
1991	28.0	929.9	744.5
1992	22.7	756.8	955.2
1993	29.8	479.4	1 667.3
1994	32.6	624.5	1 608.0
1995	33.3	802.1	1 470.2
1996	37.5	1 127.0	876.7
1997	43.9	1 420.9	539.8
1998	47.4	1 960.2	-78.0

资料来源：历年《中国财政年鉴》。

---

　　①　国务院清理"三角债"领导小组：《关于一九九一年全国清理"三角债"成果和一九九二年继续开展清理"三角债"工作的公告》，载《交通财会》1992年第3期。
　　②　田亮：《总理朱镕基，愿为改革粉身碎骨》，载《环球人物》2018年第20期。

鉴于此，朱镕基认为必须立刻停止重复建设；实行减员增效，推动下岗分流；整顿企业领导班子，建立稽查特派员制度。[1] 其中减员增效被作为国有大中型企业扭亏为盈的一个重要途径，减员措施的采取也就导致了20世纪90年代中后期出现的"下岗潮"。1998年至2000年，国有企业有2 434万职工下岗，[2] 这的确给数千万下岗职工家庭带来了一场阵痛。但从更加宏观的角度来看，这也是中国从计划经济体制向市场经济体制过渡的必经之路。这一方面有效改善了国企的经营状况，另一方面也释放了这些人的活力，促进了个体经济的发展。

对于"一般中小型国有企业"，根据1993年通过的《中共中央关于建立社会主义市场经济体制若干问题的决定》，则允许"承包、租赁、股份合作"等多种经营形式相互并存，甚至"也可以出售给集体或个人"。到1999年还成立了四大国有资产管理公司，专门负责收购、管理、处置不良资产。虽然通过重组兼并或规范破产等方式可以改善国有企业的亏损问题，但也造成了另一个问题——国有资产流失。比如出现了在中外合资企业和股份制改组中，国有资产价值被刻意低估；股份制企业将企业经营所得分给职工，使得国有资产被量化分给个人；有些企业将债务剥离出去但并未解决困境；不规范的产权交易中廉价出售国有资产等一系列问题。因此，在20世纪90年代有一批企业家因为在处理"不良"资产过程中侵占国有资产而入狱。

自1994年经济开始恢复之后，中国经济保持持续增长，尤其是在取消了价格双轨制、且投资体制与金融体制逐渐相互配合之后，民营企业家们获得了较高的自由度，他们可通过兼并或各类金融工具进行资本运作，其中也涉及国有资产的交易。这些行为在市场经济条件下是合理的，但发展到2002年左右，也有一批企业家被举报"侵吞国有资产"而入狱，进而引发了持续的争论——究竟谁应该对国企负责？比如在国有企业70%的比例来自于民营资产，30%为国家所有的情况下，控股的民营企业家是否能利用国有资产进行兼并或其他操作呢？这些问题都是在这一时期悬而未决的。

（四）继续深化改革的新阶段（2004年至今）

2004年，《国务院关于投资体制改革的决定》正式出台，而至今中国

---

① 田亮：《总理朱镕基，愿为改革粉身碎骨》，载《环球人物》2018年第20期。
② 赵俊康：《转制时期国企下岗职工的社会保障研究》，载《社会保障问题研究》2002年。

的投资体制改革再未出现大的调整。这一文件主要突破了以下几个方面：

一是企业不使用政府投资建设的项目一律不再实行审批，并颁布了《政府核准的投资项目目录》，彻底改革了以往不分投资主体、不分资金来源、不分项目性质，一律须由各级政府及有关部门审批的企业投资管理办法。二是放宽社会资本的投资领域，能够由社会投资建设的项目，尽可能利用社会资金建设。三是对非经营性政府投资项目加快推行"代建制"，即通过招标等方式，选择专业化的项目管理单位负责建设实施。四是改进投资宏观调控方式，即在充分发挥市场配置资源的基础性作用的同时，灵活运用投资补助、贴息、价格、利率、税收等多种手段，引导社会投资、优化投资的产业结构和地区结构。五是建立政府投资责任追究制度，抑制盲目投资。

第三节 政府投资的挤出效应

挤出效应是指增加政府投资对私人投资产生的挤占效应。如果说投资的结构比例关系决定了经济体制的运行方式，甚至是社会经济体制的性质。那么，所谓政府投资和社会投资之间的关系就变得非常重要了。因为挤出效应会导致因增加政府投资而增加的国民收入可能因为私人投资减少而被全部或部分地抵销。

在一个充分就业的经济体系中，政府支出增加会以下列方式使私人投资出现抵销性的减少：由于政府支出增加，商品市场上购买产品和劳务的竞争会加剧，物价就会上涨，在货币名义供给量不变的情况下，实际货币供给量会因价格上涨而减少，进而使可用于投机目的的货币量减少。结果，债券价格下跌，利率上升，进而导致私人投资减少。投资减少了，人们的消费随之减少。这就是说，政府"挤占"了私人投资和消费。

一、宏观经济模型中的投资决策

在国民收入简单决定模型里，投资可以作为一个外生变量参与总需求，也就是说投资不会随着利率和产量的变化而变化。但是在现实生活中，投资并不是一个外生变量，经济的收缩和扩张必然会带来利率的变化，而利率的变化又会影响到投资的变化。因此投资应该作为内生变量来进行分析。因此，要充分理解政府投资的挤出效应，还应分析投资是如何被决定的。

凯恩斯认为，是否要对新的实物资本如机器、设备、厂房、仓库等进行投资，取决于这些新投资的预期利润率与为购买这些资产而必须借进的款项所要求的利率的比较。如果预期利润率＞利率，值得投资；如果预期利润率＜利率，不值得投资。

需要注意的是，这里提到的利率指的是实际利率（名义利率－通货膨胀率）。因此可以认为，投资是利率的函数，

$$i = i(r) = e - dr \qquad (2.1)$$

其中，i 为实际投资，e 为自主投资（使利率为零时也有的投资量），d 为利率对投资需求的影响系数，表示利率上升或下降一个百分点，投资会减少或增加的数量。

假设 $i = e - dr$，说明投资系数 d 越大，投资受利率的影响也越大，或者说投资对利率越敏感，如图 2 - 1 所示。

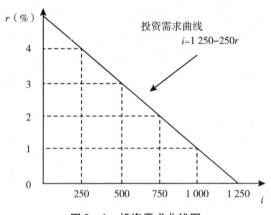

图 2 - 1　投资需求曲线图

（一）不得不说的 IS - LM 模型

1. IS 曲线解读

IS 曲线描述的是产品市场达到均衡时，利率与国民收入之间的关系。其推导过程如下：

假设一个两部门经济体，其中均衡条件为"投资等于储蓄"，即 $i = s$。所以，

$$\begin{cases} y = c + i \\ c = \alpha + \beta y \\ i = e - dr \end{cases} \qquad (2.2)$$

由上述方程组整理可得，

$$r = \frac{a + e}{d} - \frac{1 - \beta}{d}y \qquad (2.3)$$

其中，y 为国民收入，c 为消费，i 为投资，α 是必需品消费，β 是边际消费倾向，i 为实际投资，e 为自主投资。式（2.3）则为两部门经济体的 IS 曲线函数。

式（2.3）中 $-(1 - \beta)/d$ 即为斜率，斜率的含义为总产出对利率变动的敏感程度，斜率越大，总产出对利率变动的反应越迟钝。反之，越敏感，如图 2 - 2 所示。

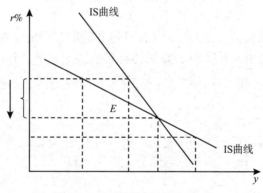

图 2 - 2　不同斜率下的 IS 曲线

2. LM 曲线解读

LM 曲线描述货币市场达到均衡时，利率与国民收入之间的关系。凯恩斯认为利率是被货币的供给量和需求量所决定的。货币的实际供给量（用 m 表示）一般由国家加以控制，是一个外生变量，因此，需要分析的主要是货币的需求。对货币的需求，又称"流动性偏好"，这一概念首先由凯恩斯提出，这是因为货币具有使用上的灵活性，人们有着宁肯以牺牲利息收入而储蓄不生息的货币来保持财富的心理倾向。这种心理倾向又可以分成三类不同的动机。

第一，交易动机，指个人和企业需要货币是为了进行正常的活动。因为收入和支出在时间上是不同步的，所以个人和企业都需要有足够的货币用于支出日常的开销。

第二，谨慎动机或称预防性动机，指为预防意外支出而持有一部分货币的动机，如个人或企业为应付事故、失业、疾病等意外事件而需要事先持有一定数量货币。

西方的经济学家通常认为，从全社会来看，这两种货币需求都与其收入成正比，是收入的函数。因此，如果用 L_1 表示交易动机和谨慎性动机所产生的全部货币需求量，用 y 表示实际收入，则这种货币需求量和收入的关系可表示为：

$$L_1 = L_1(y) \text{ 或者 } L_1 = ky \tag{2.4}$$

式（2.4）中的 k 为出于上述两种动机所需货币量同实际收入的比例关系；y 为具有不变购买力的实际收入，例如，若实际收入 $y = 1\,000$ 万美元，交易和谨慎需要的货币量占实际收入的 20%，则 $L_1 = 1\,000 \times 0.2 = 200$ 万美元。

第三，投机动机，指人们为了抓住有利的购买有价证券的机会而持有一部分货币的动机。对货币的投机性需求取决于利率，用 L_2 表示该动机对货币的需求，用 r 表示利率，则这一货币需求量和利率的关系可表示为：

$$L_2 = L_2(r) \text{ 或者 } L_2 = -hr \tag{2.5}$$

这里 h 是货币投机需求的利率系数，负号表示货币投机需求与利率变动的负相关关系。由此可以得到货币的总需求函数

$$L = L_1 + L_2 = ky - hr \tag{2.6}$$

而货币的供给可以用 M，m 和 P 依次代表的名义货币、实际货币和价格指数组成关系式表示：

$$m = \frac{M}{P} \tag{2.7}$$

联立式（2.6）与式（2.7），可以得到货币均衡时的收入或利率。

$$y = \frac{hr}{k} + \frac{m}{k} \text{ 或 } r = \frac{ky}{h} - \frac{m}{k} \tag{2.8}$$

3. IS – LM 模型表现的均衡

两个市场同时达到均衡时则为 IS 曲线与 LM 曲线的交点，根据两个市场的函数可以绘制出图 2 – 3。

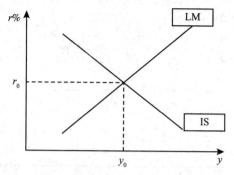

图 2-3　产品市场和货币市场的一般均衡

$$\begin{cases} \text{IS 方程 } r = \dfrac{a+e}{d} - \dfrac{1-\beta}{d}y \\[2mm] \text{LM 方程 } r = \dfrac{ky}{h} - \dfrac{m}{k} \end{cases} \tag{2.9}$$

能够同时使两个市场均衡的组合只有一个，解方程组可以得到 (r, y)。

（二）从 IS-LM 模型看挤出效应

在简单国民收入决定理论里，假定利率不变，如果政府增加支出，则会使 IS 曲线右移到 IS'，如图 2-4 所示。利率不变的假定使 r_0 点的产出呈水平直线式的增加，在图形上，表现为国民收入从 y_0 增加到 y_3。

然而，随着政府支出的增加，货币供给量也会相应增加，尤其是存在政府债务的情况下。所以，在 IS-LM 模型里，随着 IS 曲线向右上移动时，国民收入相应增加，因而对货币交易的需求也会增加，从而导致利率上升。利率的上升意味着融资成本上升，客观上会抑制私人投资，这就出现了政府支出"挤出"私人投资的问题。此时，宏观经济新的均衡点只能处于 E'，国民收入不可能从 y_0 增加到 y_3，而只能增加到 y_1，y_1 至 y_3 之间的部分就是通常意义上的"挤出效应"。

IS 曲线斜率和 LM 曲线斜率的大小都会影响财政政策效果。LM 曲线斜率不变的情况下，IS 曲线平坦（斜率的绝对值小）时，挤出效应（y_1，y_3）较大，财政政策效果小；IS 较陡峭（斜率的绝对值大）时，挤出效应（y_1，y_3）较小，财政政策效果大，如图 2-4 所示。

IS 曲线斜率保持不变的情况下，LM 曲线的斜率越小，移动 IS 曲线时收入变动就越大，即财政政策效果越好；反之，LM 曲线越陡峭，移动 IS 曲线时收入变动就越小，财政政策效果就越小，如图 2-5 所示。

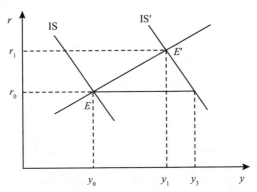

图 2-4　财政政策效果与"挤出效应"

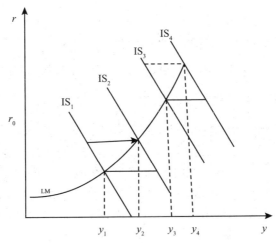

图 2-5　财政政策效果因 LM 曲线的斜率而异

二、学术界对"挤出效应"的不同认识

经济学家研究"挤出效应"的著作十分丰富，其研究已不限于政府的支出行为造成的"挤出效应"，更多关注于政府一般行为，如投资、消费、补贴以及融资等的"挤出效应"。关于"挤出效应"的研究可以分为以下三类，一是判断政府行为造成了"挤入效应"还是"挤出效应"；二是从不同角度对"挤出效应"进行讨论；三是对政府行为造成"挤出效应"的估计。

（一）是否造成"挤出效应"的判断

关于对政府投资等行为是否造成"挤出效应"的判断，在中国不同的发展阶段有不同的结论。在改革开放后的 20 年内，政府投资水平较低，且基础设施存量小，我国利用赤字和国债进行公共投资不存在提高利率和挤出私人投资问题，相反公共投资因具有正的外部性，提高了私人投资的收益率，而在一定程度上有"挤入效应"。但近年来，政府债务的扩张与大量基础设施的投资，已经产生了显著的"挤出效应"。

不论是政府支出还是政府融资都存在一定的"挤出效应"。在政府的支出，即政府投资、政府消费以及政府补贴中，政府投资对私人投资的"挤出效应"最大。在政府融资过程中，地方政府融资平台的成立同样会显著降低国有大型商业银行发放的中小企业贷款，提高了县域固定资产投资强度，但未能在短期内带来经济产出的显著提升。

（二）从不同角度看待"挤出效应"

关于"挤出效应"的影响，在不同的行业、区域等不同领域具有不同的表现。在央地关系上，中央投资对地方投资的整体带动作用为负；在区域差异上，中央投资在东部地区主要体现挤入作用，在中西部地区则主要体现挤出效果。在考虑引入外商投资后，西部地区的"挤出效应"更加明显，因为西部地区经济水平和市场化程度相对较低，当地的民间投资更多集中于公共项目，而中央投资的进入则进一步抢占了当地资本有限的投资机会。在技术创新方面，地方政府的基础设施投资对企业研发存在产品市场规模效应和金融市场挤出效应，短期内，基础设施投资通过金融市场挤出企业研发投资；而在长期，随着基础设施资本存量增加，产品市场规模扩大会提高企业研发投资的资本回报，激励企业投入研发。

（三）对挤出效应的估算

政府支出增加挤出私人投资的逻辑较为简单，政府支出的增加导致了实际利率的上升，投资（尤其是民间投资）和消费减少，家庭更多地参与劳动，由此挤出了部分的居民消费和投资。但是涉及政府、银行以及家庭等多个部门，因此挤出效应的定量测算较为复杂，并且在我国经济发展的不同阶段，不同时期学者对于"挤出效应"的估测也具有较大差异。

较早对政府行为"挤出效应"进行测度的是陈浪南与杨子晖，他们通过研究 1980～2003 年政府支出、政府融资与私人投资的关系，发现政府的公共投资对私人投资表现为"挤入效应"，这与刘溶沧等学者的早期研究是相一致的。而在政府融资方面，税外收入（包括企业上缴的部分利润、教育费附加等各项行政性收费和事业性收费）对私人投资产生较大的挤出效应，财政每增加 1 元的税外收入，将减少 2.9 元的私人投资。廖茂林等通过对 1994～2016 年的省际数据进行分析，发现政府的基础设施投资对民间投资具有较大的"挤出效应"，他认为在 2012 年以后，基础设施投资对其他投资有显著的挤出效应，基础设施投资增速每增加 1%，会使其他投资增速下降 0.113%。由于基础设施投资在总投资中占有大约 20%的比重，这意味着每新增 1 元基础设施投资，大约会使其他投资减少 0.45元。由此可知，在改革开放初期，政府支出对于私人投资有"挤入效应"，但随着经济的发展，基础设施存量的增加，政府通过投资刺激了消费，这在一定程度上挤占部分私人投资需求。另外，过量基础设施投资造成的产能过剩，并不能及时被经济发展消化，投资主要来源于银行贷款，一旦还款压力突破极限，会造成银行大量坏账，最终由社会买单，这也会挤出一定量的私人投资。

在局部区域内同样存在挤出效应，一个省份内的"僵尸企业"比例越高，当地非"僵尸企业"的投资规模越小，且这一挤出效应对私有企业尤为明显。另外，"僵尸企业"对私有非"僵尸企业"投资的挤出在国家干预程度更强的地区和外部融资依赖程度更高的行业表现得更为明显。省份"僵尸企业"比例每提高 1 个百分点，省份内非"僵尸企业"的投资下降2.2%～7.9%。

三、影响"挤出效应"判断的要素

改革开放之后，我国不断放开民间资本投资，但作为一个以公有制经济为主体的社会主义国家，政府始终是主要的投资主体之一。从西方经济学的视角来看，政府投资势必带来挤出效应，但从实际情况来看却不是必然现象。客观来看，判断是否会出现挤出效应，应首要考虑以下三个因素。

一是市场总量，即投资总量是否足够大。如果民间资本都投入进去仍无法满足投资需求，则政府投资并不会导致挤出效应。二是投资结构，只有这一市场上政府投资比例和民间投资比例之和达到 100%，政府追加投资才会导致"挤出效应"。三是利润水平。因为利率本质上是资金成本，所以如果利润水平足够高，民间资本投资回报率依然能够负担上升的利率，民间资本并不会被挤出。如今之所以出现民间投资增速持续下滑的问题，是因为利率维持在一定水平，但其他成本又在不断上升，致使民间投资的利润越来越低，而政府投资一定程度上是无成本的，在这种情况下，政府不断投资才会将民间资本挤出。但只要资金需求足够大、利润水平足够高，政府投资与挤出效应间的必然联系就不复存在。这就意味着在经济的繁荣期并不存在挤出效应。

西方经济学认为挤出效应的必然存在，这是一个非常传统的观点，并且会据此推出一个结论——政府投资越少越好。但需注意的是，这一论断的前提假设是市场最有效率，而且市场最终会出清以达到一个均衡状态。正如之前的章节所述，市场经济会不断波动，而且当资本达到一定规模，这只"看不见的手"会自己筑坝。所以归根结底，我们是在不同的成本间抉择，寻找合理的平衡。如果民间资本无法达到一个正常的收益，但政府投资可发挥自身效率，实现市场的平衡，那导致挤出效应一定是负面的吗？如果是为了实现合理的投资比例结构，政府增加投资并不会导致负面作用。但如果在达到合理比例之后，政府依然追加投资才会真正挤出民间资本。所以，"挤出效应"是一个中性的词，其反映的是一个比例问题。

综上所述，决定是否有"挤出效应"的根本是利润水平，而决定利润水平高低的核心是消费，消费的升级则依赖于技术进步。如果中国能有更多类似华为的科技型企业，也就更可能启动经济的正向运行，但前提是宏观经济政策和方向调控不出差错。

第三章

投资与经济增长

目前，世界上共有 200 多个国家和地区，不同国家和地区的人们过着差异迥然的生活。一些人享受着充足的食物、华丽的服饰，拥有健康的身体和充裕的收入。另一些人却衣不蔽体，食不果腹，而且没有稳定的工作。同是一个世界，为何生活水平天差地别？国家与地区经济增长的差异无疑是上述现象出现的原因之一。其核心的问题是国家与地区的经济增长。从本书的着眼点来看，我们希望讨论的是投资与经济增长的关系问题。

通过投资促进经济增长一直是经济学家们关注的重点问题。在分析投资与经济增长的关系之前，有三个需要思考的问题：（1）经济的增长很重要，那么如何获得经济增长呢？通过政府的投资行不行？（2）如果投资可以带来经济增长，那么投资带来经济增长是稳定可持续的吗？（3）如果投资可以带来稳定的经济增长，那么应该在什么时间、在什么空间投资呢？

投资是经济运行和发展的动力，它对增加供给、扩大需求和改善结构等方面有着广泛的影响。但要注意的是，这里所说的投资并不是通用《投资学》教材上的定义，而是国家或政府用以调控经济系统运作的宏观投资，即财政投资。这个概念下的投资，是支撑国家和地区经济发展的重要基础。要提高经济的增长，必须保持投资的持续、快速而又高效益的增长。

财政投资是从投资主体角度考虑的投资，其含义为：以政府为主体、将其从社会产品或国民收入中筹集起来的财政资金用于国民经济各部门的一种集中性、政策性投资，是财政支出中的重要部分；是政府为了实现其职能，满足社会公共需要，实现经济增长，投入资金用于转化为实物资产的行为和过程。在国家和地区经济发展中财政投资扮演的角色越来越重要。

经济增长是指，一个国家或地区在一定时期内商品和劳务总供应量的增加，即社会经济规模的扩大，一般用 GDP 表示。研究经济增长的理论主要有两个，一个叫作经济增长理论，另一个叫作经济发展理论（又称为发展经济学），但后来学者们将两个理论合二为一，统称为发展经济学。本部分的讨论主要围绕投资与经济增长的关系展开。

第一节　经济增长理论的发展

经济增长理论缘起于亚当·斯密的《国富论》，虽然斯密在其中并未提出"经济增长"的具体概念，但是斯密提出了增加国家财富与收入的途径，这是实际意义上的经济增长。斯密对经济增长最大的贡献是提出了劳动分工理论，因为生产是一个链条，而劳动分工使得每个人只做其中一部分，为了更好地完成各自的分工，劳动者开始研究工具，有了专业化的工具后，劳动生产力有了较大程度的提高，劳动生产力随着工具的突破则可以进一步促进生产和经济增长。一定程度上，是劳动分工从根本上增加了国家和居民的财富和收入。

斯密及之后的李嘉图、马歇尔等虽然相继提出了增加国家财富的理论，但是并未真正提出"经济增长"的概念。正式提出"经济增长"概念的是约翰·梅纳德·凯恩斯，他在《就业、利息与货币通论》里提出了有效需求理论。该理论指出增加投资会扩大生产，增加国民收入，但是凯恩斯并没有对经济增长理论和经济增长的路径进行深入探讨。直到第二次世界大战之后，西方资本主义国家的经济迅速发展，生产力水平大幅提升，经济学家们也更加关注经济增长的条件和规律，以及能不能保持经济的持续增长，各种经济增长理论纷纷出现。

一、经济增长理论发展的四个阶段

经济增长理论的发展过程，可以划为如下四个阶段：第一阶段，20世纪 30 年代末至 60 年代初——分析模型建立时期；第二阶段，20 世纪 60 年代——经济增长因素分析时期；第三阶段，20 世纪 70 年代——增长极限论时期；第四阶段，20 世纪 80 年代中期以来——内生增长理论时期。

（一）20 世纪 30 年代末至 60 年代初——分析模型建立时期

在西方经济学家里，首先较为完整提出经济增长理论的是英国经济学家哈罗德，他在 1948 年出版了《动态经济学导论》，系统性地提出了经济增长理论，并建立了哈罗德模型。哈罗德模型说明了社会经济实现稳定增长所必须具备的条件，特别指出为了保持稳定的经济增长率，应该保证多高的投资增长率。在分析上述问题时，哈罗德设立了一系列严格的假设条件：

（1）全社会只存在一个生产部门，一种生产技术，只生产一种产品；

（2）只使用两种生产要素：资本 K 和劳动 L，两者按照一个固定的比例投入生产，不能相互替代；Y 代表国民收入，v 代表资本—产出比率 $v = \dfrac{K}{L} = \dfrac{\Delta K}{\Delta L}$；

（3）生产规模报酬不变；

（4）劳动 L 以不变的外生比例 n 增长；

（5）不考虑折旧，所有的投资都形成新增资本；

（6）储蓄 S 与国民收入 Y 呈简单的比例函数关系 $S = s \times Y$；

（7）不存在技术进步。

基于上述假设，哈罗德提出的模型的基本公式为：$G = s/v$。其中，G 表示经济增长率，即实际给国民收入的增长率，$G = \Delta Y / Y$。s 表示储蓄倾向，即平均储蓄率，表明储蓄在国民收入中的比率。v 表示资本—产出比率，即投资系数，指生产单位产出所需要的资本量。

与此同时，美国经济学家多马也提出了类似的"多马模型"，与哈罗德模型有相似的假定，也有类似的结论：$\Delta I / I = sv = \Delta Y / Y$。$\Delta I$ 和 I 分别代表投资和投资增量；s 代表储蓄率；v 代表资本生产率，即 $\Delta Y / I$，实际上是 a 的倒数。由于 $\Delta Y / Y = G$，即为经济增长率，而 $\sigma = 1/v$，因此我们不妨对多马模型进行一个变量替换，就可以得到：$G = s/v$。因为两个经济学家得到了"殊途同归"结论，要想保持充分就业，投资水平必须不断增长，并和经济增长率保持一致，因此这个模型也被称作"哈罗德 – 多马模型"。哈罗德 – 多马模型实现的可能性是极小的，再加上前面有一些"近乎完美"的假设条件，使得该模型均衡的实现更是难上加难，因此，该模型被后人形象地称为"刀刃上的平衡"。

基于此，1956 年，美国经济学家索洛放宽部分假设，提出了著名的索洛模型，又称新古典经济增长模型。他的主要假设为：

（1）社会经济只生产一种产品，这种产品用于满足消费之后的剩余，作为其追加生产的投资来源；

（2）资本和劳动的边际生产率递减；

（3）生产中只有资本和劳动两种生产投入要素；

（4）资本和劳动的组合比例可变。

其与哈罗德－多马模型的不同体现在最后一条，该假定保证了资本和劳动可以得到充分利用，从而使社会保持充分就业状态。根据这些假定，索洛从生产函数出发，推导出模型。

$$\frac{\Delta Y}{Y} = \alpha \frac{\Delta K}{K} + \beta \frac{\Delta L}{L} \tag{3.1}$$

根据该模型，索罗得出结论：

（1）一个国家可以在完全竞争条件下，通过市场的调节作用来改变资本和劳动的组合比例，从而实现经济稳定增长；

（2）当资本增长率等于劳动增长率时，则平均每个工人收入的增长率也等于0（可视为工资不变）。因此，为了使平均每个工人的收入有所增长，则资本增长率必须大于劳动增长率；

（3）由于资本和劳动组合比例可以变动，而在投资量的增加中，资本所占比重不断相对增加，导致资本边际生产力不断减少，从而利润率下降；相反，劳动所占比重不断相对减少，导致劳动边际生产力不断增加，从而工资率上升。因此，经济增长不利于资本家而有利于工人。

（二）20世纪60年代——经济增长因素分析时期

这个时代的经济学家们纷纷开始研究要素对经济增长的促进作用，并对索罗模型中提到的技术进步率即全要素生产率进行了非常详细的研究。全要素生产率（TFP）是指经济增长中不能由投入品数量增长解释的部分。这一时期的研究认为，生产效率的提升会带来经济增长。索罗模型的公式也被推广为：

经济增长 = 资本增长 × 资本回报 + 劳动增长 × 劳动回报
+ 全要素生产率增长

任何一个国家或地区的经济增长基本可以分解为这三部分的贡献，20世纪60年代初美国经济学家尼尔森对美国的历史数据进行了分析，他认为增长因素可分为如下两种：

（1）生产要素总投入的增加，如劳动要素、资本要素等；

（2）单位要素的产量增加，包括知识进步、规模效益等。

根据丹尼尔森的分析，要使经济增长，一方面是要更勤奋地工作，同时要节制消费、增加投资，并要发展教育、开发智力；另一方面是要推动科技研究转化成生产力。

（三）20 世纪 70 年代——增长的极限理论时期

20 世纪 60 年代末 70 年代初，经济学家们发现经济增长会带来各种各样的问题，尤其是资源运用限度和生态平衡方面的问题，开始重点研究增长极限的问题。随后，在 1972 年，美国经济学家梅多斯发表了《增长的极限》一书，标志着增长极限理论的问世。梅多斯等人认为，人口、资本等经济增长的因素是按指数增长的，但是资源（尤其是不可再生资源）却不会增加，因为资源的储量是有限的，将会很快被消耗殆尽。据梅多斯等人预计，世界将在 2100 年到来之前因不可再生资源的耗竭和严重污染而崩溃，整个经济将会停止增长。要想避免世界经济的停滞与崩溃，就要采取措施，建立一个持续的生态平衡环境，控制经济发展，实行"零经济增长"。

当然，他们所说的增长极限的到来，其实也是备受争议的。有人认为，人口增长率不会急剧上升，伴随着经济的进一步发展，人口增长率甚至可能下降；依据科技的发展，AI 技术、5G 技术的实现，粮食、能源等资源的供给问题，都可以得到解决；不可再生资源虽会不断减少，但地球上可利用的资源却随着科技的发展而获得增长；而且依据格罗斯曼和克鲁格（Grossman & Krueger，1991）提出的"环境库兹涅兹曲线"，当经济发展到一定程度以后，环境会自然趋于改善。

（四）20 世纪 80 年代中期以来——内生增长理论时期

新古典增长理论虽然告诉我们，经济增长要靠外生的技术进步来实现，但是却没有指出外生的技术进步从何而来，而内生增长理论就重点研究这个问题。内生增长理论认为宏观经济可以不依赖外力推动实现持续增长，技术进步是保证经济持续增长的决定因素，但是技术进步不是外生的，而是内生性的要素。从系统科学的视角来看，内生理论实际上重新界定了宏观经济发展要素的系统范围，并从理论上明确提出，内生性的宏观经济结构决定了经济增长的动力和方向，其结论也与系统科学的理论相符合。系统科学认为系统的结构决定其自身的发展方向，宏观经济系统的内生性要素决定了宏观经济增长的动力和发展方向。从这个方面看，财政政策与货币政策的有效性就得到了很好的理论支撑，例如财政政策可以调整宏观经济系统内部诸多要素的关系和资源要素的使用效率，这些内部结构的调整必然传导至经济系统的外部，产生相应的影响。

内生增长理论强调不完全竞争和收益递增，该领域的著名经济学家有阿罗、卢卡斯以及罗默，他们在内生增长理论方面提出了一系列分析模型和结论，主要的模型和结论如下：

（1）AK 模型：假设不变的外生储蓄率和固定的技术水平，由于假定技术水平不变，人均变量也都以相同的速度变化，因此可以解释消除报酬递减后将如何导致内生增长。

（2）研究与开发模型：罗默的模型较为系统地分析了知识与技术对经济增长的作用，突出强调研究与开发对经济增长的贡献有实际价值，是知识积累而不是资本积累导致了增长，通过建立传统部门与研究开发部门的两部门模型来解释增长的来源。

（3）干中学模型：强调是知识积累而不是资本的增长带来了经济的增长，而且，知识的积累也不是有意的，而是传统经济活动的副产品，即经验积累的结果，它是研究与开发模型的一个变种模型。

（4）人力资本模型：也称为卢卡斯模型，认为人力资本增值越快，则部门经济产出越快；人力资本增值越大，则部门经济产出越大。该模型的贡献在于承认人力资本积累不仅具有外部性，而且与人力资本存量成正比；在于承认人力资本积累（人力资本增值）是经济得以持续增长的决定性因素和产业发展的真正源泉。该模型特别强调资本积累是增长的关键，并且资本的含义更加宽泛，包括了教育与人力资本。

二、经济增长模式的讨论

经济发展理论是在经济增长理论基础上发展起来的，研究一个国家经济与社会结构现代化演进过程的理论，主要是以发展中国家经济发展为研究对象。发展中国家的经济发展问题也一直是第二次世界大战后经济学家们关注和讨论的焦点，尤其是第二次世界大战后计划经济体制苏联的快速发展，在一定程度上引发了西方学者的恐慌，美国的经济学家开始关注发展中国家的问题，并提出了发展中国家经济增长的理论与路径。其中两个著名的理论分别是罗斯托的"经济增长阶段"以及刘易斯的"二元结构模式"。

（一）罗斯托的"经济增长阶段"

罗斯托经济增长阶段理论认为，贫困与落后是一连串因果联系的链条。问题的关键是资本积累，有了资本就有了一切，就能打破"恶性的贫困循环陷阱"，实现国家经济的持续发展。而且以产出总数和人均收入增长作为发展指标，认为经济增长速度会解决一切问题。罗斯托将经济增长划分为六个阶段。

一是传统社会阶段。传统社会是在生产功能有限的情况下发展起来的，是围绕生存而开展的经济，而且通常都是封闭或者孤立的经济，资源过多配置在农业而不是工业，生产活动中采用的技术也是落后的，在社会组织中起主导作用的是家族和氏族。这个时候往往会陷入"恶性循环陷阱"。所谓"恶性循环陷阱"就是，穷的国家自身经济发展水平低，也没有足够的科技与资本积累做支撑，想要提高生产力只能增加劳动力的投入，增加人口的出生率，但是资本的投资率更低于人口的增长率，工资率进一步下降，而工资下降导致就业率下降，就业率下降又会导致资本家没有足够利润进行进一步的生产，生产率进一步下降，由此引发了经济的进一步衰退。

二是为"起飞"创造前提阶段。转变的过程是利用现代科学成果阻止报酬递减。一般情况下，现代社会的起飞前提，不是从内部产生的，而是由较为先进社会从外部入侵开始的。这个阶段的特点是，近代科学知识在工业、农业中发挥作用，世界市场的扩大和对世界市场的争夺成为经济成长的推动力。而要想完成准备，其必备的条件是，资本积累和投资率达到国民收入10%以上；世界市场的扩大；科学知识在工农业中的应用。这个时候，在经济方面要注意以下几个问题：（1）农业和开采业的生产能力问题。农业的三个重要作用：其一为急剧增加的工业人口、城市人口提供口粮；其二为现代工业提供市场；其三为政府提供税收和为现代部门提供资金。（2）社会经营资本问题。在过渡阶段，政府必须建立全国统一市场以使经济摆脱自给自足的区域性质；它必须建立现代财政制度以筹集现代化所需要的资金；它必须制定现代化政策。

三是起飞阶段。经济"起飞"是指一国能够在较短时间内实现工业化，实现生产方式的变革和产业革命。起飞阶段是一种工业革命，和生产方式的剧烈改变有直接关系，是妨碍不断成长的旧的障碍物和阻力最后已被克服的时期，增长成为各部门的正常现象。

四是持续成长阶段。起飞之后是一段长时期产量超过人口增长速度的持续增长。这是一个社会已经把现代技术有效地应用于它的大部分资源的时期，会保持相当长的、虽有波动但仍持续的增长。其具体特征表现为：在经济层面这个社会有能力重新有效地组织它的资源和加速一系列新的主导部门的发展。在此阶段，经济中已经有效地吸收了当时技术的先进成果，并有能力生产自己想要生产的产品。新的主导部门逐步建立，代替旧的主导部门，国民收入中有10%～20%稳定地用于投资，对外贸易的作用在加强。在非经济层面，劳动力起了变化，领导的性质改变了，社会的理想和眼界也在变化。

五是高额群众消费阶段。此阶段工业高度发达，经济的主导部门转向耐用消费品的生产（按罗斯托的说法，就是汽车工业部门综合生产体系），社会对高额耐用消费品的使用普遍化。越来越多的资源用来生产耐用消费品；技术工人和城市人口的比重都比前阶段有一定提高；用来供社会福利和保障之用的一部分资源逐渐增大；人们的生活方式发生了较大变化。

六是追求生活质量阶段。这一阶段不再以物质产品的数量，而是以劳务形式反映的生活质量来衡量社会的成就。此阶段以服务业为代表的提高居民生活质量的有关部门（包括教育、卫生保健、文化娱乐、市政建设、环境保护等）成为主导部门。这些部门的特点是提供劳务，而非生产物质产品。居民追求时尚与个性，消费呈现出多样性和多变性，人类社会将不再只以物质产量的多少来衡量社会的成就，还包括以劳务形式、环境状况、自我实现的程度所反映的"生活质量"的高低程度。

（二）刘易斯的二元经济结构模型

刘易斯将发展中国家理解为一种并存的二元结构，以社会化生产为主要特点的城市经济和以小农生产为主要特点的农村经济并存的经济结构。城乡二元经济结构主要表现为：城市经济以现代化的大工业生产为主，农村经济以典型的小农经济为主；城市的道路、通信、卫生和教育等基础设施发达，农村的基础设施落后；城市的人均消费水平远远高于农村；相对于城市，农村人口众多等。

这种状态既是发展中国家的经济结构存在的突出矛盾，也是这些国家相对贫困和落后的重要原因。发展中国家的现代化进程，可以说在很大程度上是要实现城乡二元经济结构向现代经济结构的转变。

根据刘易斯二元经济模型，在发展中国家的二元经济结构中，由于农村存在大量剩余劳动力，劳动力是无限供给的，因而即使在城市非农产业中获得就业机会的劳动者，工资是略高于平均工资且固定不变的。然而随着非农产业的不断增长和农业劳动力向非农产业转移，最终会使剩余劳动力枯竭，非农产业所需劳动力供给出现短缺，工资也开始上升。从劳动力无限供给到出现劳动力短缺的转折点，被经济学家称为"刘易斯拐点"，如图 3-1 所示。

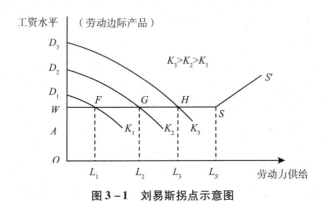

图 3-1 刘易斯拐点示意图

横轴表示劳动力供给，纵轴表示工资水平。工资水平长期保持不变劳动力过剩，随着 D_1FL_1 右移至 D_nSL_s：就到了劳动力过剩向短缺的转折点，即刘易斯拐点。在过去劳动力一直供大于求，随着特定的背景因素的变化，变为如果不涨工资就招不到人，出现用工荒。

在图 3-1 中，纵轴表示工资水平，横轴表示劳动力供给，WFL_1O 表示资本部门工人赚到的工资总量，L_1 以外的是非资本部门之外的劳动力，他们只能赚到维持生计所得收入，D_1FW 为资本家剩余。而经济发展的关键就在于资本家剩余的使用，在经济发展过程中，资本剩余被不断再投资来创造更多的资本，从而能够吸收更多的人从非资本部门（维持生计部门）到资本部门就业。剩余越来越多，资本形成量也就越来越大，随着剩余的再投入，资本量开始增加，边际劳动生产率也开始增加，达到 D_2G，D_3H，……，D_nS，从而资本家剩余和就业量也就不断增加，直到 D_nS 剩余劳动消失为止。由于劳动力超额供给转向短缺，所以资本家想要招到工人就必须提高工资，于是工资开始出现上升趋势，刘易斯拐点指的就是这个劳动力从过剩向短缺的转折点。

与刘易斯拐点相对应的概念是"人口红利"。人口红利是指一个国家的劳动适龄人口占人口比重较大，年轻人口数量增多形成的廉价劳动力，提供给经济发展相对便宜的要素价格，从而为经济发展创造有利的人口条件。对于很多发展中国家而言，廉价劳动力是发展的一个重要因素。而刘易斯拐点的到来，则预示着人口红利开始逐渐消失。出现刘易斯拐点后，劳动力供给相对不足，企业用工成本增加，过于依赖大量劳动力的企业，可能面临淘汰，或被迫寻求转型升级。

中国一直是一个人口大国，在过去很长一段时间都处在人口红利阶段，依靠廉价的劳动力推动着社会经济的发展，低廉的人工成本造就了我国世界工厂的称号。在我国城乡二元结构下，城乡人口会出现流动，目的是赚钱，而停止流动会在当城乡人均收入趋同时出现，即人均收入达到稳态的时候。非常容易理解的逻辑是：劳动力价格（收入）是调节农民工流动最主要的影响因素，当城市收入高的时候，农村的富余劳动力自然涌入城市，随着城乡之间收入不断缩小就要求有更高的工资才能产生劳动力供给。但从 2004 年开始，农民工工资就开始出现大幅度上升的趋势，预示了刘易斯拐点开始出现。从 2004 年开始，逐年增加的财政转移支付一定程度上增大了农民的收入，同时西部大开发战略使得中西部劳动力流出减少和劳动力价格升高，东部沿海地区开始出现用工难和用工贵问题。由于政策的倾斜使东部劳动力减少并伴随着劳动力工资上升，真正的刘易斯拐点可能因此被提前了。

第二节　中国学者对发展经济学的贡献

对发展经济学做出巨大贡献的不只有西方发达国家的学者，我国的学者也做出了很多开创性的研究，如张培刚、邹恒甫、林毅夫等。抗日战争胜利后，我国涌现了大批的自然科学和人文科学的学者。在哈佛大学获得博士学位的张培刚就是其中的佼佼者，他写的毕业论文《农业与工业化》指出，要想实现发展，首先要解决农业发展问题，然后走工业化道路。这为发展中国家如何实现发展提供了路径。这在当时是十分超前的理论，以至于后来哈佛大学与我国的发展经济学者都认为张培刚是发展经济学的奠基人之一。

一、中国早期的发展经济学理论萌芽

有些观点认为，发展经济学最先出现在西方，然而中国在 20 世纪三四十年代，发展经济理论已形成汹涌澎湃的思潮。从历史来看，中国经济学家对于农业国家如何实行工业化和现代化的研究，要早于西方经济学家。中国经济学家对此进行了大量的理论研究和统计分析，其中的代表人物包括张培刚、方显廷、刘大钧等。而西方学者的同类研究，直至第二次世界大战期间才有所表现。另外，中国的经济发展理论比西方早期的发展经济学研究的问题更广些，已经把平均分配问题纳入了研究的范围，不仅如此，直到 20 世纪 70 年代末，很多西方发展经济学家仍然把工业化理解为单纯是制造业的发展，而中国经济学家张培刚在 40 年代中期就在其博士论文《农业与工业化》（Aigrculutre and Industrialization）[1] 中明确地提出了农业与工业必须协调平衡发展的系统理论。这一理论在西方经济学界影响巨大，为后来西方发展经济学的一些主要理论的确立提供了基础。哈佛大学经济学帕金斯（Dwight Perikns）就曾指出："在熊彼特的《经济发展理论》之后，张培刚的《农业与工业化》一书，就算是关于'发展经济学'的最早最有系统的著作了。"

中国学者在 20 世纪三四十年代所提出和讨论的有关经济发展的理论和思想极其丰富，特别是对于经济落后的农业国的工业化问题提出了很多理论和相关的具体政策措施。

（一）工业化理论

有关工业化的问题在 20 世纪三四十年代的中国，曾经进行过广泛的讨论。当时担任国民经济研究所所长的刘大钧认为，工业化就是"各种生产事业机械化及科学化，而其组织与管理亦科学化及合理化"。[2] 他反对只发展工业的片面工业化观点，把工业化与整个社会各方面革除以手工操作、分散经营的农业生产带来的影响结合起来。刘大钧还具体分析了工业化的条件和第二次世界大战后的中国工业化策略，并且还注意到了国民经

---

① 张培刚 1945 年完成的博士论文（Aigrculutre and Industrialization）获得哈佛大学 1946 ~ 1947 年度最佳论文奖和"威尔士"奖金，1949 年作为《哈佛经济丛书》出版。中译本改名为《农业与工业化（上卷）——农业国工业化问题初探》，1984 年由华中工学院出版社出版。

② 刘大钧：《工业化与中国工业建设》，商务印书馆 1946 年版，第 3 页。

济各产业部门的平衡。方显廷对于怎样选择中国工业化道路的问题，主张以轻工业为主，后来大概由于抗日战争的原因，转而强调重工业尤其是军事工业。谷春帆在工业化理论方面也有自己的贡献，他不仅把工业化作为中国社会未来发展的方向，而且将它视为解决当时中国社会诸多矛盾的一帖灵丹妙方，在他看来，"工业化既是问题的核心，是建国必要过程，我们只当努力于工业化。一切政治问题，道德问题，思想问题等，虽非不值得考虑讨论，却不值得扭结争执。得到工业化发展时，这些问题，自然有个适当的解决"。① 总体看来，除张培刚的《农业与工业化》外，当时的工业化理论主要还是针对中国自己的经济发展的。

（二）工农业关系理论

中国学者在讨论工业化发展的同时，大多把农业的发展联系起来考虑。工农业协调发展几乎是当时提倡工业化的经济学家们的一个共识，他们又从自己的理论体系和研究方法上表现出各自的特点。从 1923 年开始，直到 20 世纪 40 年代，中国开展了以"以农立国"还是"以工立国"的讨论。主张"以工立国"的学者中多数认为工农业不能偏废，应该共同发展，共同促进。主张"以农立国"的学者也都认为必须变革农业生产方式和生产技术。例如，翁文灏主张"以农立国，以工建国"，但指出："'以农立国'，决不能解释为仅有农业而不顾工业，更不能解释为保守固有的生产方法和技术……发展农业必须与工业化相配合，始有远大的前途可言。"② 当时研究中国经济发展的学者普遍认识到，在中国这样一个农业人口占绝大多数的农业国家，工业化过程中应该注重农业的发展，工农业是相互依存、协调发展的。这一工农业协调发展的理论在农业国家中是具有普遍意义的。

（三）对外贸易理论

1946 年，褚葆一出版了《工业化与中国国际贸易》一书，他指出在工业化过程中，商品输入输出与生产事业关系极大，提出中国在工业化的过程中要对对外贸易进行适当的管制。在对外贸易政策上，褚葆一主张进口要实行保护政策，出口要有计划地推进，争取贸易的主动地位。③ 1946

---

① 谷春帆：《中国工业化通论》，商务印书馆 1947 年版，序第 2 页。
② 翁文灏：《以农立国　以工建国》，载《新华日报》1943 年 10 月 15 日、16 日。
③ 褚葆一：《工业化与中国国际贸易》，商务印书馆 1946 年版，第 60 页。

年，曾留美获得硕士学位的章友江在《中国工业建设与对外贸易政策》中提出他的计划贸易主张，认为民生主义经济政策的现实目标亦即我国对外贸易政策的现实目标，他认为中国的对外贸易本质上应具有超资本主义性。[1]学者许涤新在1946年出版的《中国经济的道路》一书中也提出，为了实现新民主主义中国的工业化，要实行有计划的贸易政策。[2] 总之，当时一些学者的对外贸易理论和政策主张基本上是环绕中国的工业化而展开，认为对外贸易应该有利于工业化的发展，部分理论和政策主张也是具有一定的普遍意义的，只是限于中国当时的国内外环境，没有得到传播和重视。

（四）计划化思想

西方早期发展经济学家大多认为计划化是发展中国家启动经济的重要措施，这也是中国学者对早期发展经济学的贡献之一，目前看来，计划基础论是早期西方发展经济学的一个主要观点。谷春帆在其《中国工业化计划论》中认为，落后国家在工业化的起初阶段必须实行计划经济，中国要实行的计划经济和苏联的不同，而且计划经济只是过渡办法。"到经济力量增加之时，计划统治的程度，应当一天一天减轻，让渡与自由放任之经济。"[3] 并且，谷春帆认为，实行计划经济要划分层次，并有市场经济相互补充和各方面条件的配合。刘大钧并不赞成用计划经济的形式来支配一切经济生活，计划绝不是统制，但认为计划还是需要的。[4] 鉴于历史的原因，中国应尽快摆脱在经济上受人控制、受人欺侮的局面，政府"有组织的指导"是必要的。有些中国经济学者还提出了第二次世界大战后实现工业化的具体计划。伍启元在《中国工业建设之资本与人材问题》一书中就规划了第二次世界大战后中国第一个五年计划所需的建设资本以及人力资本。[5] 谷春帆也估计了第二次世界大战后所需的建设资本，并且主张主要依赖外国的大量投资，最好采用实物输入的方式。[6]

中国学者的计划化思想仍然主要是围绕工业化而展开的，与西方早期发展经济学中计划基础论的观点有一定的契合之处。然而，总体看来，中国学者在强调计划化的同时，也指出了它的缺点和不足，不提倡为计划而

---

① 章友江：《中国工业建设与对外贸易政策》，商务印书馆1946年版，第18页。
② 许涤新：《中国经济的道路》，生活书店1946年版，第195页。
③ 谷春帆：《中国工业化计划论》，商务印书馆1945年版，第22页。
④ 刘大钧：《工业化与中国工业建设》，商务印书馆1946年版，第34页。
⑤ 伍启元：《中国工业建设之资本与人材问题》，商务印书馆1946年版，第1~13页。
⑥ 谷春帆：《战后中国利用外资问题》，载《大公报》1942年8月30日。

计划，而应该从总体经济发展和具体社会经济时期出发来对待计划。

二、中国改革开放初期对发展经济学理论的完善

谭崇台在《发展经济学的新发展》一书中，根据发展经济学的研究思路和理论模式，把发展经济学的演变划分为三个阶段：第一阶段以结构主义为主导思想；第二阶段以新古典主义为主导思想；第三阶段以新古典政治经济学为主导思想。自20世纪40年代末期至60年代中期的第一阶段，主要是运用结构主义的思路分析发展中国家的经济发展问题。1954年，刘易斯阐述了二元经济结构的理论框架，构建了发展经济学的核心理论，标志着发展经济学作为独立学科的诞生。而处在相同时期的经济学家张培刚，其博士论文研究的主题是农业和工业化（Agriculture and Industrialization），他从历史和理论的维度系统地探讨了贫穷落后的农业国家如何走上工业化道路，为"二元经济结构"理论的创立发挥了引导和先驱的作用。鉴于张培刚在发展经济学创立中做出的重要贡献，被国际学术界誉为"发展经济学的创始人之一"。

20世纪50年代至80年代，发展经济学的理论逐渐完善，但是发展经济学家提出的某些理论和政策主张，在指导现实的经济发展中也出现了一些失误。如轻视市场价格机制调节在发展中国家的作用，主张借助政府干预来加快经济发展和实现工业化，用计划经济体制取代市场经济体制；认为发达国家和发展中国家在世界经济格局中处于"中心"和"外围"的地位，主张脱离发达国家的束缚而独立地发展经济，实行"进口替代"的封闭政策。虽然有少数实行市场经济和出口导向政策的发展中小国成功地实现了经济起飞，但是多数发展中国家的实践结果没有达到预期的目标，并且处在困难重重的境地。为此，发展经济学的理论和政策主张都遭到了质疑，西方经济学界作出了发展经济学"衰落"甚至即将"死亡"的悲观论断。

20世纪90年代，张培刚分析了发展经济学演变中存在的这些问题，提出了完善发展经济学理论的路径：一是转变研究立场，充分体现发展中国家的利益，深入系统地认识发展中国家的社会经济结构和历史文化传统，着重从发展中国家的角度而不是从发达国家的角度去看发展问题；二是扩大研究范围，尤其应该包括发展中的社会主义国家，避免仅研究实行资本主义私有制的发展中国家的缺憾，从而真正揭示出发展中国家经济发

展的一般规律；三是突出研究重点，注重对发展中大国的研究；四是改进研究方法，实现对发展中国家的多层次和全方位的考察，针对发展问题是受多种因素影响的复杂过程，开展跨学科综合研究。

张培刚提出的研究思路，为发展经济学走出困境指明了方向。他通过分析早期发展经济学存在的问题以及 20 世纪 70 年代至 80 年代发展经济学的演变，指出发展经济学的生存面临着三种威胁：一是新古典经济学的一统天下；二是偏重案例分析和实证研究的倾向，把研究重点转向经济组织和经济政策，过分强调对发展中国家的"类型学分析"；三是发展中国家内部的民族主义倾向更加明显，从而提出了发展经济学能否在现有基础上继续存在的问题。

张培刚系统分析了农业和工业的关系以及工业化的战略，创立发展经济学的主题理论。2002 年，张培刚在《农业与工业化（中下合卷）：农业国工业化问题再论》中，根据新的情况对发展中国家的工业化战略进行深入思考，分析了农业与工业的互动关系、工业化的发动因素和制约因素，以及工业化过程中的结构调整、对外开放和体制转型问题。

除此之外，张培刚还分析了发展中大国的基本特征，初步探索了发展中大国经济发展的道路。在《新发展经济学》中，他分析了发展中大国在世界经济发展中的重要地位，明确地提出了"发展中大国应该成为发展经济学的重要研究对象"[1] 的命题。围绕这个命题，张培刚借鉴库兹涅茨、钱纳里和帕金斯等经济学家的研究，初步探讨了大国的特征、大国发展的难题和大国发展的特殊道路。他认为，发展中大国"是一个既包含自然地理特征，又包含社会经济特征的综合性概念"[2]，具体地讲，是指人口众多、幅员广阔、资源丰富、历史悠久、人均收入水平低下的发展中国家。

张培刚分析了发展中大国的难题，揭示了发展中大国经济发展的新特点。其一，发展中国家受历史遗产和传统文化的影响。大国的文化传统一般都具有两重性质，有一些优秀的历史和文化遗产对经济发展起着积极作用，但也可能背上"历史包袱"，产生文化传统与经济现代化的矛盾，这就面临着改造传统文化的艰巨任务。其二，发展中国家通常有沉重的人口压力、严峻的就业问题和低下的经济效率。其三，发展中国家的区域经济发展不平衡。其四，发展中国家有农业落后与工业协调发展的矛盾。其五，发展中国家面临内源发展与对外开放的适度选择。发展中大国不可能

---

① 张培刚：《新发展经济学》，河南人民出版社 1992 年版，第 39 页。
② 张培刚：《新发展经济学》，河南人民出版社 1992 年版，第 40 页。

像小国那样可以通过外向型经济的发展来实现经济起飞，而主要通过内向型的发展战略来实现经济起飞，因而既要通过经济开放获得经济发展所需要的各种投入要素，又要引进国外先进技术和管理办法，通过国际竞争和国际分工来促进国内经济发展。

在这些难题分析的基础上，结合发展中大国经济的新特点。张培刚先生借鉴钱纳里和赛尔昆等的研究，总结和概括了发展中大国的经济发展可借鉴的几个经验性特点：第一，大国的人口众多，国内消费需求和市场容量相对较大，因而在经济发展过程中外贸比重比较低。第二，大国需要建设规模宏大的基础设施和满足数量庞大的国内需求，因而对资金的需求量特别大。第三，大国需要在工业化的起步阶段就建立起门类齐全的工业体系，使它在收入水平较低时就进入经济结构变动时期。第四，大国拥有比较丰富的劳动力和自然资源，而且存在足够规模的国内市场，在工业化初期占有一定的发展优势。最后，他还指出："大国若要想在经济发展过程中保持优势，并不完全取决于其资源禀赋，而是取决于它的组织结构和制度结构能否及时地得到改善和变革。"由此看来，国家发展结构的调整是发展的关键，需要适时适度的改善和变革。[①]

三、中国改革开放经验的初步总结与新结构经济学理论

经过 40 多年的改革开放，中国的宏观经济发展逐步形成了自己的理论脉络。许多学者对中国改革开放经验开始了初步总结，比如林毅夫、周其仁、胡鞍钢、温铁军等。其中林毅夫提出的新结构经济学理论是比较有体系的一个代表。

林毅夫在芝加哥大学博士论文的题目是中国的农村改革，毕业后他延续了中国农村研究。早期林毅夫在国外学术期刊上发表的文章也大多集中在中国的农业生产制度改革、农业合作化运动和农业现代化三个方面。林毅夫的博士论文根据农业生产的特性，构建了一个理论模型证明：在农业生产劳动投入监督困难的前提下，家庭农场是一个最合适的农业生产组织，并以实证资料验证发现，中国 20 世纪 70 年代末开始的农村改革带来的农业增产中，有近一半来自集体性质的生产队向家庭农场性质的家庭联产承包责任制的改革所导致的农民生产积极性的增加。

---

① 张培刚：《新发展经济学》，河南人民出版社 1992 年版，第 51 页。

近年来，林毅夫的学术重点聚焦于新结构经济学。新结构经济学是林毅夫及其合作者提出并倡导的经济发展、转型和运行的理论。主张以历史唯物主义为指导，以新古典经济学的方法，从一个经济体每一个时点给定但随着时间可以变化的要素禀赋及其结构切入，来研究决定此经济体作为经济基础的生产力水平和生产关系的产业和技术，以及决定交易费用的硬的基础设施和作为上层建筑的软的制度安排等经济结构及其变迁的决定因素和影响。新结构经济学主张发展中国家或地区应从其自身要素禀赋结构出发，发展其具有比较优势的产业，在"有效市场"和"有为政府"的共同作用下，推动经济结构的转型升级和经济社会的发展。林毅夫认为，从中国改革开放的经验以及过去40多年发展来看，目前的主流经济学理论拿到发展中国家来用，基本上不能避免"淮南为橘，淮北为枳"的问题。因此非常需要总结发展中国家的现象，进行理论创新。

　　《中国的奇迹：发展战略与经济改革》是林毅夫经济学家生涯中一部十分重要的著作。在这部著作中，林毅夫建立了其发展经济学理论的分析框架，核心就是他后来一直坚持的"比较优势"的概念与分析逻辑。这本书试图回答这样几个问题：（1）为什么改革之前中国经济发展缓慢，而改革之后得到迅速发展，改革的经验在哪里；（2）为什么中国改革过程中会出现"活乱"循环，解决的路径又是什么；（3）中国的改革和发展势头能否持续，经济改革的逻辑方向是什么；（4）中国的改革的经验是否具有普遍意义。

　　这部著作的贡献在于：（1）首次作出了"中国的奇迹"的"观察"。20年前，人们热衷于讨论的是"东亚奇迹"，津津乐道于亚洲"四小龙"，而林毅夫他们在认真研究改革开放以来中国经济年均9.7%的增长实绩和改革成果的基础上，指出在一个人口众多、底子较薄、处于转型期的国家取得如此成绩，在人类经济史上前所未有，堪称"中国奇迹"。（2）准确地预测了中国经济未来的增长速度和可能达到的规模。书中预测按PPP计算（购买力平价），中国的经济规模会在2015年赶上美国，按当时的汇率计算，中国则会在2030年超过美国。世界银行和国际货币基金组织最近都曾公布统计结果，说中国的经济规模按PPP计算在2014年已超过美国，成为全球第一大经济体。（3）分析了比较优势战略和赶超战略之间的成本差异，对中国前30年实行赶超战略时的经济政策给出了一个符合新古典经济学的"理性"解释。（4）基于比较优势说的理论分析框架，从发展战略选择与资源禀赋之间的矛盾出发，分析了中国传统经济体制模式形成的逻辑，并将这种分析方法及其结论扩展到所有发展中国家和地区，指出发展战略的选择是否与资源禀赋的比较优势一致是决定经济体制模式优劣进而决定经济发展绩效好坏的根本原因。（5）按照中国经济改革自身所表现出的逻辑顺序总结了改革的阶段、历程和各个阶段的内容，提出了未来改革的路径和主要任务。（6）对中国和苏东（苏联和东欧国家）两种转型路径进行了科学的比较，指出渐进、双轨的改革比起休克疗法式的激进改革，有利于避免持续性的社会震荡，实现国民经济的高速增长、市场作用范围的扩大和经济效率的改善。

　　当年这部著作出版时，在学界引起的反响更多的是质疑，不仅认为提"中国奇迹"为时过早，经济预测过于乐观，更多的是对中国渐进－双轨式改革路径的否定，认为扭曲的体制会影响中国经济的未来发展。林毅夫认为，中国国有企业当时的主要问题在于承担了沉重的政策性负担，包括违反要素禀赋结构所决定的比较优势的战略性政策负担，以冗员解决就业问题和以企业负责职工养老的社会性政策负担。政府必须为政策性负担负责，因而产生了政策性补贴。由于政府作为所有者和企业作为经营者间存在信息不对称，使得企业能以政策性负担为借口，要政府为其包括由于经营不善和道德风险所导致的所有亏损埋单，从而有了预算软约束。林毅夫认为只要存在政策性负担，任何所有制形式的企业都会有预算软约束，也都不会有效率，因此，国有企业改革的方向是消除政策性负担，创造公平竞争的环境。片面强调"委托－代理人"之间的道德风险，不能解决国有企业尤其是大型国有企业的问题。他认为，享有剩余索取权的所有者和经营者要统一起来，只有在股权集中的中小企业才能做到，股权分散的大型企业不管国有或民营都同样面临委托－代理问题。要解决代理人利用信息不对称产生的道德风险，侵蚀所有者的利益，必须依靠公平竞争的市场，使企业盈利状况成为企业经营好坏的充分信息，并据此来制定经理人员的奖惩，以使代理人和委托人的激励相容。因此，创造公平而充分竞争的市场环境比简单的私有化重要，有了这种外部市场环境，并改进企业内部的管理体制，国有企业也可以是有效率的。

　　进入21世纪以后，林毅夫在继续关注中国现实经济问题的同时，把更多的精力投入到发展经济学理论层面的研究上。2008年，林毅夫担任世界银行首席经济学家、高级副行长后，先后考察了数十个非洲、亚洲、拉丁美洲的发展中国家，用他的理论分析框架来观察这些国家的发展转型过程，并结合这些国家经济发展转型的实践，在理论和政策的层面进行了进一步的探索，于 2011 年初正式亮出了"新结构经济学"的旗号，并把它视为发展经济学的第三波思潮。新结构经济学的努力在于，把早期经济学家关于比较优势贸易战略这一学说推广到发展中国家整个经济结构变化升级的全局考虑中，构造以符合自身比较优势的发展战略为核心的发展经济学。新结构经济学主张发展中国家根据自己的国情，把市场机制和政府作用有机结合起来，既把市场作为资源配置的决定性基础机制，又强调发挥政府因势利导的积极有为作用，以克服结构升级和转型中必然存在的市场失灵问题。为保证政府作用的有效性，新结构经济学还在政策的层面提出了发展中国家政府"增长甄别和因势利导"的六个步骤，作为制定产业政策的框架。2015 年以来，林毅夫为创建新结构经济学，组织力量在理论、方法、工具等层面，做了大量基础性的工作。新结构经济学产生以来，引起了国内外经济学界的重视和关注。有不少好评和赞誉，也不乏质疑和批评。国外的好评多于质疑，而且讨论多集中在理论的层面；国内的质疑多于好评，但大多集中在政策的层面。国外经济学家重视林毅夫的研究，一方面是因为在西方经济学的主流市场上，发展经济学在过去 20 年没有大的进展，经济学家对其的研究热情逐渐下降，而林毅夫的新结构经济学重新点燃了他们对这一领域的研究热情；另一方面是因为 2008 年金融危机爆发之后，西方发达国家普遍陷入严重的经济困境，使不少经济学家开始反思西方主流经济学的问题。

国内经济学家对新结构经济学的质疑主要表现在这样几个方面：一是如何看待市场和政府的关系。新结构经济学提出了"有效市场，有为政府"的观点和理论，认为在坚持市场对资源配置起决定性作用的同时，应充分发挥政府的积极作用，以弥补市场的缺陷和失灵。对于政府在经济发展中应该扮演什么样的角色，国内经济学家之间存在重大分歧。不少经济学家认为，政府的作用就是英国古典经济学家亚当·斯密所说的"创造给人自由的环境、法治，包括产权制度的保证"，仅限于此。而林毅夫则认为，除此之外，政府还应在提供基础设施、公共服务等方面担当重要角色，在为符合比较优势的产业变成竞争优势方面发挥重要作用。

二是如何看待发展中国家的"后发优势"。新结构经济学认为，经济发展的本质是基于劳动生产力水平不断提高的技术不断创新和产业不断升级，发展中国家可以利用与发达国家的技术和产业水平的差距所形成的"后发优势"来加速经济发展。而对于那些过去违反比较优势、采取赶超战略的发展中国家，在改革的过程中，对那些资本密集、在竞争市场中缺乏自生能力的大型国有企业，可以双轨渐进的方式来实现转型。质疑新结构经济学的经济学家则采用杨小凯的"后发劣势"说，认为如果发展中国家不先模仿西方国家进行宪政体制改革，仅在经济领域进行改革，虽然前期的发展速度会快一些，但长期来看会导致问题丛生，经济陷于困境。对此，林毅夫认为，新结构经济学在强调发挥"后发优势"来加速发展经济的同时，也强调在经济发展过程中要创造条件，审时度势，推进制度改革，把旧体制中的各种扭曲消除掉，以建立完善、有效的市场。

三是如何看待中国经济未来的增长。从新结构经济学的理论出发，林毅夫认为，经过30多年的高速增长之后，中国经济未来的增长潜力在8%左右。在中国经济连续十多个季度增长减速的背景下，林毅夫的这一预测引起了很大的争议。批评者认为，现在中国经济结构失衡、社会矛盾尖锐、生态环境恶化、市场机制受到抑制，这些阻碍了中国经济的发展速度，未来中国经济的降速不可避免。林毅夫认为，作为发展中、转型中的经济，中国固然存在许多体制、机制问题，但是，最近几年来的经济增长减速则是由外部性、周期性因素造成的，中国经济的内部仍然存在保持一个较高增长速度的潜力和条件。从后发优势的理论看，中国虽然经历了连续35年的高速增长，但由于我们与发达国家的产业、技术仍然存在较大的差距，因此保持较高发展速度的潜力还很大。

四是如何理解经济发展的动力。美联储前主席伯南克在2008年金融危机期间，把金融危机的根源归于世界经济的"失衡"，西方大多数经济学家和国内不少经济学家在危机中均持与伯南克相似的观点。而林毅夫力排众议，从新结构经济学理论出发，主张中国继续用投资拉动增长，认为发达国家走出危机的办法则是增加对发展中国家基础设施的投资，通过对发展中国家的出口提高发达国家的需求。

新结构经济学是至今为止，中国经济学家基于中国经济改革与发展实践，对经济学理论，尤其是发展经济学理论做出的重大贡献，代表了中国经济学的前沿水平，它也引起世界经济学界的重视，不少诺贝尔经济学奖得主都给予了积极的评价。作为一种新的发展理论，新结构经济学还有待进一步的拓展和完善。比如，新结构经济学的思想和政策颇为清晰，但方法论上还需提升。从理论上说，一个基于新古典经济学静态比较优势分析逻辑来演绎和处理经济结构演变升级和经济收敛的动态过程，还需要做更多的基础性工作。

四、中国改革开放的实践与后发展经济学创新

长期以来，我国经济发展理论中占据主导地位的理论观点有这样几个，其中包括：以 GDP 增长为目标的赶超战略；跟随发达国家之后进行科技和产业创新；处于作为中心的发达国家的外围，依赖中心的辐射；按照比较优势参与国际分工，实施出口导向的外向战略；等等。这些理论曾经在相当长的时间中指导包括我国在内的发展中国家的经济发展政策，也是传统经济发展方式的理论依据，现在这些发展理论受到了挑战。

在这些理论的指导下我国从 1978 年开始的改革开放，解放了生产力，推进了工业化和城市化，中国的 GDP 总量 2010 年达到世界第二，这不仅表明中国的世界经济地位发生了重大变化，更为重要的是中国的现代化建设进入了新的历史起点：首先，在人民生活水平明显提高的同时，反贫困成效显著，终于在 2020 年实现了全面脱贫。其次，到 2011 年农业比重降到 10.1%；工业比重达 46.8%；城市化率也过了 50%。① 这意味着中国已经从农业国变为工业国。中国经济发展水平在进入新的历史起点后，指导经济发展的发展经济学就需要有重大发展。在我国 GDP 总量达到世界第二的同时，2011 年人均 GDP 达 5 414 美元，排名世界第 89 位。② 标志着我国由低收入国家进入中等收入国家行列。这也意味着我国的经济发展能力进入新的历史起点，原有的一些发展理论受到了挑战。

在中国 40 多年的改革发展历程中，我国学者做出的另一个突出的贡献就是，提出了"社会主义市场经济"理论，社会主义市场经济是社会主义基本制度同市场经济相结合的一种经济体系。这一理论创新创造性地处理了计划与市场的关系。当时策略地使用了"我们是计划经济为主，也结合市场经济"的提法，这跟李先念 1978 年 9 月的"计划经济与市场经济相结合"的观点以及陈云 1979 年 4 月"计划调节与市场调节相结合"的意见基本吻合。社会主义市场经济理论极大地促进了我国经济的发展。到 2020 年，我国农业创造 GDP 的比重降为 7.6%，工业创造 GDP 的比重达 30.8%；城市化率更是超过了 60%；③ GDP 总量达到 101 万亿元，人均

---

① 中华人民共和国国家统计局：《中华人民共和国 2011 年国民经济和社会发展统计公报》，中国统计出版社 2012 年版。

② 根据国际货币基金组织官网资料整理。

③ 国家统计局：《中华人民共和国 2020 年国民经济和社会发展统计公报》，中国统计出版社 2021 年版。

GDP 达到 1.06 万元；排名世界第 46 位。

进入中等收入国家行列后面临的最大风险是"中等收入陷阱"，跨越"中等收入陷阱"的途径往往会成为在中等收入国家发展阶段上的发展经济学进行理论创新的内容。这个时候，中国需要新的发展理论和更适合中国发展阶段的经济理论的指引。实际中国已经明确了转变经济发展方式的科学发展道路，主要涉及：注重以人为本，注重全面协调可持续发展，注重统筹兼顾，更加注重保障和改善民生，促进社会公平正义。中国的发展经济学对现实经济发展的理论指导，需要有世界经济大国的创新思维，对我国的经济发展方向重新定位，把握好自身在全球经济分工中的新定位，创造参与国际经济合作和竞争的新优势，从而创新发展模式。

第三节 宏观经济发展中的"中等收入陷阱"

一、发展中国家的例子——巴西

在 2019 年上半年，巴西在 WTO（世界贸易组织）中宣布放弃发展中国家身份，成为一个人均 GDP 不到 1 万美元的发达国家，这是个很令人吃惊的例子。因为，发达国家有比较公认的界定标准，主要从四个方面衡量：人均 GDP 高、工业技术先进、科学技术先进、社会福利高。必须同时满足以上四点才能算是发达国家，缺一不可。2019 年 10 月 25 日，韩国副总理兼企划财政部长官洪楠基宣布：韩国政府决定从新一轮世界贸易组织（WTO）谈判开始后，在谈判中不再要求享受发展中国家优待。要注意，韩国的人均 GDP 已经超过 3 万美元，与意大利、西班牙的人均水平相当，而巴西 2018 年的人均 GDP 只有 9000 美元。单纯从这一个指标上看，就很难认为巴西是发达国家。而且，传统的看法是把巴西与中国、俄罗斯、印度和南非一起称为"金砖五国"，都是作为发展中国家来看待的。

通过下面的一些基本宏观经济数据，我们可以发现，巴西经济发展的基本过程是一个很典型的发展中国家的经济轨迹。首先看巴西人口规模统计，由表 3 - 1 和图 3 - 2 可见，巴西的总人口数逐年上升，总人口已达 2

亿多人,但是人口增长率却是逐年下降的,从1999年的1.48%已经下降到了0.78%,出生率也在逐年下降。我们不讨论什么样的数据是最合理的指标,但是这样的指标明确说明,巴西的人口正在逐渐步入老龄化的时代。

表3-1   巴西人口情况统计

年份	总人口 (万人)	人口增长率 (%)	死亡率 (每1 000人)	出生率 (每1 000人)
1999	17 232	1.48	6.233	20.654
2000	17 479	1.42	6.189	20.119
2001	17 720	1.37	6.149	19.547
2002	17 954	1.31	6.114	18.955
2003	18 181	1.26	6.083	18.363
2004	18 401	1.20	6.057	17.787
2005	18 613	1.15	6.037	17.243
2006	18 817	1.09	6.022	16.747
2007	19 013	1.04	6.016	16.306
2008	19 203	0.99	6.017	15.921
2009	19 389	0.96	6.027	15.595
2010	19 571	0.94	6.045	15.327
2011	19 751	0.92	6.071	15.11
2012	19 929	0.89	6.106	14.93
2013	20 104	0.87	6.147	14.772
2014	20 276	0.86	6.195	14.624
2015	20 447	0.84	6.25	14.472
2016	20 616	0.82	6.311	14.307
2017	20 783	0.81	6.378	14.125
2018	20 947	0.78	6.452	13.924

资料来源:世界银行数据库。

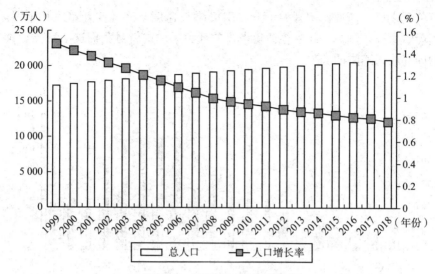

图3-2　巴西人口及其增长率

资料来源：世界银行数据库。

我们再来看巴西的 GDP 总量的变化，由图 3-3 可见，从 1999 年至 2011 年间，有一个相对稳定的增长。在人均 GDP 突破了 1 万美元以后，有一个相对稳定的时期。然后，从 2015 年开始出现拐点。2015 年国内生产总值（GDP）下跌 3.8%，经济收缩幅度为 1990 年以来最大，其中主要原因是商品价格下跌，以及全球经济增长放缓。据《环球时报》报道，自从总统罗塞夫上台以来，巴西经济就一落千丈，在南美诸国中仅比委内瑞拉好。2015 年，巴西工业产出倒退 6.2%，第四季度矿业产值减少 6.6%，服务业产值全年倒退 2.7%，这就拖垮了巴西的整体经济。①

在巴西的 GDP 开始下滑的同时，债务规模逐渐上升。如图 3-4 和表 3-2 所示，从 2012 年开始，负债率逐年上升，2016 年达到了一个高峰。在其经济起飞阶段，债务比例比较高，属于正常的情况。因为经济起飞需要较大比例的基础设施建设和投资，而发展中国家普遍自有资金积累不足，通过外部融资获得资金，通过较高的经济增长速度来补偿融资成本。所以会出现比较好的剪刀型曲线，债务逐年下降，GDP 逐年上升，随着国民财富的增加，整体国民经济向好发展。但是，在人均 GDP 突破 1

---

① 谭利娅：《巴西 2015 年 GDP 下跌 3.8% 被指已成"没落金砖"》，环球网，2016 年 3 月 4 日，https://world.huanqiu.com/article/9CaKrnJUiEP。

万美元之后，债务比例开始上升，GDP 增长速度下降，并开始逐年下滑。国民财富开始流失，就是很值得考虑的现象了。这就是我们这个部分讨论的中等收入陷阱的表现。

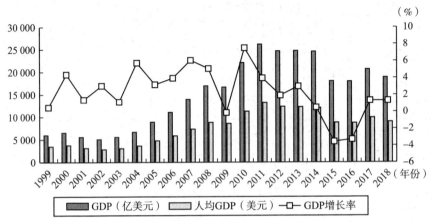

图 3 – 3　巴西 GDP 及其经济增长率

资料来源：世界银行数据库。

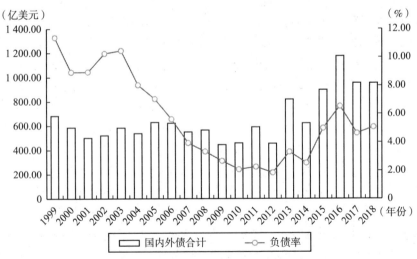

图 3 – 4　巴西国内外负债规模及其负债率

资料来源：世界银行数据库。

表3－2 巴西 GDP 及债务存量统计

年份	国内外债合计 （亿美元）	GDP （亿美元）	人均 GDP （美元）	GDP 增长率 （％）	负债率 （％）
1999	681.89	5 993.89	3 478.37	0.47	11.38
2000	585.87	6 554.21	3 749.75	4.39	8.94
2001	500.70	5 593.72	3 156.80	1.39	8.95
2002	520.47	5 079.62	2 829.28	3.05	10.25
2003	583.51	5 583.20	3 070.91	1.14	10.45
2004	537.64	6 693.17	3 637.46	5.76	8.03
2005	629.06	8 916.30	4 790.44	3.20	7.06
2006	622.46	11 076.40	5 886.46	3.96	5.62
2007	550.09	13 970.84	7 348.03	6.07	3.94
2008	565.43	16 958.25	8 831.02	5.09	3.33
2009	445.27	16 670.20	8 597.92	− 0.13	2.67
2010	458.81	22 088.72	11 286.24	7.53	2.08
2011	590.70	26 162.01	13 245.61	3.97	2.26
2012	454.77	24 651.89	12 370.02	1.92	1.84
2013	819.48	24 728.07	12 300.32	3.00	3.31
2014	622.50	24 559.94	12 112.59	0.50	2.53
2015	898.45	18 022.14	8 814.00	− 3.55	4.99
2016	1 174.95	17 957.00	8 710.10	− 3.28	6.54
2017	954.31	20 628.31	9 925.39	1.32	4.63
2018	953.96	18 854.83	9 001.23	1.32	5.06

资料来源：世界银行数据库及 IMF 数据库。

　　如表3－3 和图3－5 中所示，在 2003～2013 年，巴西通过"家庭补助金"计划和最低工资制度等社会政策，十年间创造 1 200 万个就业机会，家庭平均收入增长 30％，2 800 万巴西人脱离贫困。但从 2013 年下半年以来，巴西经济形势逆转，消费、出口、投资"三驾马车"失速，创近年来最低，国民人均净收入随之下滑，私人外债净收入比也连年升高。与此同时，国内政治斗争激化、社会动荡加剧也让巴西跨越"中等收入陷阱"的尝试受挫。

表3-3　　　　　　　　　　　巴西居民信贷与居民净收入

年份	私人部门外债 （亿美元）	国民净收入 （亿美元）	国民人均净收入 （美元）
1999	1 135. 36	4 967. 93	2 882. 99
2000	1 126. 82	5 512. 48	3 153. 77
2001	962. 80	4 687. 66	2 645. 46
2002	875. 47	4 232. 11	2 357. 23
2003	823. 99	4 664. 04	2 565. 35
2004	723. 84	5 550. 87	3 016. 67
2005	695. 05	7 385. 42	3 967. 94
2006	888. 89	9 201. 09	4 889. 84
2007	1 187. 62	11 595. 28	6 098. 59
2008	1 458. 42	13 957. 37	7 268. 31
2009	1 498. 26	14 099. 10	7 271. 83
2010	1 849. 40	18 280. 75	9 340. 56
2011	2 627. 61	21 692. 95	10 982. 96
2012	2 868. 30	20 523. 36	10 298. 38
2013	3 092. 55	20 915. 07	10 403. 65
2014	3 196. 29	20 661. 79	10 190. 08
2015	3 141. 68	15 302. 28	7 483. 81
2016	3 074. 92	15 243. 18	7 393. 75
2017	3 052. 99	17 488. 90	8 414. 85
2018	2 968. 20	15 669. 54	7 480. 59

资料来源：世界银行数据库及 IMF 数据库。

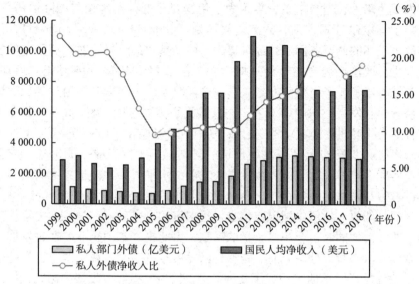

图 3 – 5　巴西居民信贷与净收入

资料来源：世界银行数据库。

二、跨越"恶性循环"与"中等收入陷阱"的方式

前文提到的"恶性循环"是低收入发展中国家发展的第一个陷阱。低收入发展中国家往往既缺乏技术也缺乏足够的资本投入，单纯以提高生育率获得足够的劳动力，只会陷入"越生越穷"的恶性循环陷阱中。这个时候其自身往往不具备足够"破局"能力，而要依靠外国投资和国际援助与贷款，提高投资率获得跳出"恶性循环"陷阱的动力。当然，发达国家帮助低收入发展中国家也是有原因的，主要的原因有两个。

其一，在经济层面，发达国家的资本量充裕，但是劳动力价格过高，因此产业扩张需要廉价劳动力的支持，于是将一些劳动力密集型产业转移至国外，一些劳动力密集而资本稀缺的国家则是首选。如中国在改革开放初期的引入外资，利用了大量的日本贷款，世界银行贷款等发展国内经济，同时吸收外国的技术然后促进本国企业的发展壮大。

其二，在国际政治层面，如果一个国家富裕而周边国家都很穷，必然会引发周边国家的偷渡和抢夺，导致国内陷入不稳定的现状。通过扶持这些低收入发展中国家，让他们富起来才可以一起保护自己的财富。

如美国在第二次世界大战中积累了巨大的财富，但是欧洲各国因为多年的战争陷入衰退与萧条，美国为了稳固自己的强国地位与国际话语权，开启了马歇尔计划，又名欧洲复兴计划（european recovery program），对被战争破坏的西欧各国进行经济援助、协助重建的计划，对欧洲国家的发展和世界政治格局产生了深远的影响。该计划于1948年4月正式启动，并整整持续了4个财政年度之久。在这段时期内，西欧各国通过参加欧洲经济合作与发展组织（OECD），总共接受了美国包括金融、技术、设备等各种形式的援助合计131.5亿美元，其中90%是赠予，10%为贷款。1948~1952年是欧洲历史上经济发展最快的时期。工业生产增长了35%，农业生产实际上已经超过了第二次世界大战前的水平。第二次世界大战后头几年的贫穷和饥饿已不复存在，西欧经济开始了长达20年的空前发展。[1]

但是低收入发展中国家在接受发达国家的投资后，在为发达国家提供廉价劳动力的同时也会积累大量的财富，由此投资本国企业，通过发展本国企业，慢慢替代外国企业。能够自己发展经济的时候说明国家已经跨过了"恶性循环"陷阱，完成了发展的第一阶段。低收入发展中国家在一开始的发展都需要来自国外的资金进入或者通过掠夺和战争实现资本的原始积累。

在跨越"恶性循环"陷阱之后，低收入发展中国家就可以称为"中等收入发展中国家"了，这个时候人均收入达到3 000美元/年以上，国内开始面临不均衡发展的问题了。因为通过引进外资在本国投资建厂，会有一批企业家先富起来，资源禀赋较高的地区也会先获得投资，更为富裕。这个时候再继续发展就会面临中等收入陷阱，人均收入徘徊在4 000~10 000美元/年。

2018年中国人均国民总收入（GNI）是9 732美元/年，2019年中国人均国民总收入（GNI）是10 410美元/年，首次突破了人均1万美元，2020年持续突破1万美元。按照2018年世界银行公布的数据来划分，将那些人均国民总收入低于995美元的列入低收入国家，而将那些人均国民总收入在996~12 055美元之间的列为中等收入国家，那些高收入国家则是超过12 055美元，这意味着中国离"高收入国家"的门槛已经很近了。[2] 如何进一步加速到高等收入国家的水平以上，是中国经济发展要面临的主要问题。

在实现经济起飞跨越"恶性循环"之后就要面对更严峻的冲击与挑

①　朱明权：《当代国际关系史》，复旦大学出版社2013年版，第25页。
②　根据国家统计局官网资料整理。

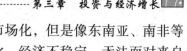

战。有人说要放开市场，让国有企业完全市场化，但是像东南亚、南非等国家都失败了，加上过快的国有企业私有化，经济不稳定，无法面对来自外国金融市场的冲击，国民经济就会直接"掉下来"。

中国现阶段已经实现"经济的起飞"，但是随之也要面临三大挑战①。首先是后进国家与先进国家之间赶超与被赶超的紧张关系；其次是中国经济体量巨大但内部存在结构性失衡，城乡差距，地区差距逐渐拉大等问题；最后是进入新常态后经济增速降低，维持产业之间、地区之间的平衡难度极大，需要持续强大的动力，在基础设施投资对经济增长拉力减弱时，寻找新动能尤为重要。

国际经验表明，当一个国家进入中等收入陷阱之后，由于经济快速发展带来的矛盾和问题，是无法通过原有的经济增长机制和发展方式解决的，只有通过制度创新、技术创新、产业结构调整以及平衡区域发展差异，坚持可持续的发展道路，才能跨越中等收入陷阱。所以这个阶段如何实现平稳的发展，调整产业结构，调整国有企业与私营企业的比例，是实现宏观经济均衡发展的关键问题。

欧洲工商管理学院（INSEAD）经济学教授安东尼－法达斯（Antonio Fatás）和伊利安－米霍夫（Ilian Mihov）基于新制度经济学，以世界银行2007年发布的数据为依据，采用世行治理指数（WBGI），对全球一百多个国家进行研究，分析了国家体制质量治理指标与人均收入之间的相关关系，提出了"制度高墙"理论，即在经济发展水平较低时，对制度要求不是很高；但一个经济体要突破人均收入10 000~12 000美元临界范围时，就需要"完善的生产机制"与发展阶段更好地适应，否则后发经济体将很难迈入高收入国家行列。因为在过渡阶段，体制和制度相对固化，制度转型的困境使经济关系扭曲和社会矛盾不断积累，具体表现为政府失效、市场扭曲/失灵、社会失范。"制度高墙"与"中等收入陷阱"相互牵绊、相互加强，以致滞留在转型途中，更多依赖于国家治理体系和治理能力的现代化去解决问题与化解矛盾。

经济增长理论认为，经济增长的主要来源是生产要素积累的增加和全要素生产率的提高。根据发达国家的经验，跨越中等收入陷阱首先要转变经济发展方式。要从主要依靠要素投入转为提升技术创新的能力。经济学家罗伯特·索洛指出，美国在工业化后期的经济增长有87.6%源于技术进

---

① 周其仁：《"起飞"后的增长》，第二十届中国经济学年会，2020年。

步。而实现这个技术进步更多的是依靠经济体的自主创新，仅仅依靠引进外来技术是无法突破中等收入陷阱的。巴西科学和技术的发展一直是围绕国外引进技术的吸收进行的，政府甚至颁布政令，企图依靠技术引进实现工业化，几乎抛弃了独立的科技和创新政策。虽然在 1968～1974 年间获得了高速增长，但是此后巴西的经济增速呈现出长期的波动趋势，没有迈入高收入水平国家行列。

新结构经济学从产业结构入手，认为中等收入国家需要通过结构转型和产业升级来跨越中等收入陷阱。这意味着发展中国需要从制造业转向服务业，从劳动密集型、低附加值逐渐转向资本与技术密集型、高附加值的产业升级。经济结构转型与产业升级这两个过程如果停止，经济增长就会停滞，进而深陷入中等收入陷阱无法脱身。

国际上公认的成功跨越"中等收入陷阱"的国家和地区有日本、以色列、"亚洲四小龙"，但就比较大规模的经济体而言，仅有日本和韩国实现了由低收入国家向高收入国家的转换。通过对日本和东亚经济体的研究，可以发现其实现经济持续稳定增长的关键性的制度和政策至少包括以下五个方面[①]。

第一，遵循比较优势发展战略推动劳动密集型产业发展。在经济发展初期，大量劳动力集中在农业部门，但农业产出受到土地的约束，农业投入增加必然面临边际报酬递减，使得农业收入增长难以持续。要提高农民收入，必须推动劳动力从农业部门向非农部门转移，减少农村劳动力。要实现劳动力有效转移，需要有能够吸纳农业劳动力的工商业部门。

在日本、韩国经济发展初期，都推行了比较优势发展战略，大力推动劳动密集型制造业部门（如纺织、服装等）发展，吸纳了大量农村劳动力，为低收入群体带来了更高的劳动收入，改善了收入分配。相反，很多发展中国家（如拉丁美洲国家）在经济发展初期推行"进口替代"战略，大力发展资本密集型重工业（如钢铁等），资本密集型行业吸纳就业很少，低收入阶层收入难以提升，造成收入分配恶化。

第二，以土地改革保障公平的土地分配，激发农民积极性。土地是农民最重要的财产，而且是许多发展中国家经济活动（如信贷）运行的基础，政府的土地分配政策不仅直接影响到收入分配，还对长期经济增长有着重要影响。大量研究发现，更加平等的土地分配有利于社会公平和长期

---

① 陈斌开：《跨越不平等陷阱：不平等重塑世界》，澎湃商学院，2020 年 11 月 30 日。

经济增长。实现经济腾飞的日本、韩国在经济发展初期都进行了土地改革，创建了以家庭经营为主的稳定生产关系，刺激了自耕农耕作和投资的积极性，使其努力采用新技术，提高产出水平，为其实现公平经济增长提供了保证。相反，拉丁美洲大部分国家土地改革的失败则为其经济停滞埋下了伏笔。

第三，加强农村基础设施建设，提高农业生产率。农村基础设施建设对于提高农业生产率，提高农民收入非常重要。第二次世界大战后，日本政府为农村修建了大量公路、铁路、水利、发电站等基础设施，大大提高了农业生产率，农民收入水平上升。同时，由于贫困的农民在基础设施建设中受益更大，农村内部的收入差距也逐步下降。韩国从1971年开始启动"新村运动"，大幅改善了农村基础设施，农业生产率和农民收入大幅提高，城乡收入差距和农村内部收入差距开始下降。

第四，以公平教育体系促进教育机会的均等化。公平的基础教育，对于经济增长和收入分配都至关重要。在实现了公平经济增长的经济体中（如日本、韩国等），政府对教育的投入都很高，使得其公民能够受到良好的、公平的教育。比如，日本1980年平均受教育水平就高达8.9年，韩国1990年平均受教育水平也达到8.9年。需要指出的是，政府教育投入方式与经济发展阶段紧密相关。在经济发展初期，劳动密集型产业符合其比较优势，政府投入应该以基础教育为主。随着产业结构升级，经济对熟练劳动力的需求越来越多，政府需要逐步加强对职业教育、高等教育等方面的投入。

第五，不断完善再分配体系。再分配政策是改善收入分配的重要工具。对于一国政府而言，再分配政策包括税收政策和财政支出政策。一方面，实行累进税率的税收政策可以直接降低收入不平等，也就是说，提高高收入者的税率、降低低收入者的税率可以缩小收入差距。另一方面，政府可以通过财政支出改善收入分配，其直接手段是对低收入群体进行转移支付（包括为低收入者提供最低生活保障、失业保险、医疗保险等），间接手段是通过更加包容性的政府支出（如对教育、医疗和基础设施的投资等）使低收入人群可以更多获益。

经过再分配之后，一国收入不平等程度往往会大幅度下降。在经济发展过程中，日本和东亚经济体的再分配体系都在不断完善，为弱势群体构建了越来越完善的社会保障体系，改善了收入分配，维护了社会稳定，促进了经济稳定发展。

目前看来，在政策、市场、地理区位等因素的综合作用下，我国区域发展的差异逐渐加大，经济中心不断南移，东西差距和南北差距逐渐拉大。

根据 2020 年前三季度的城市经济数据，中国 GDP 排名前十的依次是：上海、北京、深圳、重庆、广州、苏州、成都、杭州、南京、武汉，北方只剩北京一座城市，说明中国当前阶段的经济发展不平衡的现象越来越严重。

从日本和其他东亚经济体的经验可以看出，发展中国家实现"公平经济发展"的机制和制度政策与发达国家存在很大差异。发达国家降低不平等主要依赖再分配工具，政府的作用也主要体现在再次分配中。对于发展中国家而言，政府财力相对有限，激进的再分配政策容易造成企业和家庭税负过高，降低经济效率，阻碍经济增长。

对于发展中国家，初次分配是政府影响经济增长和收入分配的主要手段。发展中国家的政府可以通过遵循比较优势发展战略推动劳动密集型产业发展，为低收入群体提供更多就业机会；以土地改革、农业基础投资等方式激发农民生产积极性，提高农业生产率和农民收入，促进城乡协调发展；以公平的公共教育体系促进教育机会的均等化。在初次分配中实现公平是发展中国家实现公平经济增长的关键，发展中国家政府需要在初次分配中发挥更重要的作用，其核心是促进机会的均等化。

为兼顾公平与效率，应该逐步放开区域人口流动的限制，因为劳动力的自由流动是有利于地区间人均差距缩小的。虽然不同城市或区域的经济总量在扩大，但是人口的流动可以让人口流入地的劳动者分享经济的增长，也可以让留在人口流出地的劳动者享有更多的资源，在"空间均衡"的视角下实现效率与公平的统一，实现经济的均衡增长。

除此之外必须意识到，经济的发展必须是一条可持续的道路，环境的保护、生态资源的合理利用，以及教育、医疗、养老等社会问题同样需要引起重视。跨越中等收入陷阱不是一蹴而就的，需要制度、技术、产业等多方面因素的长期协同作用，才能成功迈入高收入国家行列。

第四节　中国政府投资的实践与经济持续发展

一、政府投资的三个阶段

我国经历了改革开放 40 多年的发展，政府投资的变化大致可以分为三个阶段。第一个阶段是 1978 年改革开放至 1997 年，政府投资作为我国经济建设的重要政策手段，内因即我国从计划经济向市场经济转型的经济体制改革，对于政府投资变迁起主导作用。第二个阶段是 1998 年至 2012 年，面对两次外来金融危机，我国政府启动两次积极财政政策来应对外来经济冲击，政府投资作为直接政策工具被广泛运用。此外，我国在 2001 年加入 WTO 后全球化程度不断提高，外因是在此阶段对于政府投资规模和结构的影响十分巨大。第三个阶段是 2013 年党的十八届三中全会召开至今，在全面深化改革思想指导下，应对国际经济持续低迷以及中国国济新常态，内因与外因相互交融，政府投资改革不断向纵深发展，如表 3 – 4 所示。

表 3 – 4　　　　　　　　　　政府投资变革概况

政府投资变革 主要动因	主要事件及年份	政策内容
顺应国内经济 体制改革的 不断深化	党的十一届三中全会 改革开放、1978	改革投资计划管理体制
	1979	基本建设拨款改贷款试点
	1980	引入外资进入国家项目建设
	1980	"划分收支，分级包干"
	1981	发行国债筹集部分基本建设资金
	1982	试行国内合资建设
	1983	投资建设实行中央和地方两级管理
	党的十二届三中全会、 1984	扩大市场机制作用
	1987	深圳实行土地批租，土地出让金出现
	1988	《关于投资管理体制的近期改革方案》颁行
	1991	地方政府投融资平台出现
	1992	建设项目实行业主责任制
	党的十四届三中全会、 1993	理顺政府与市场关系
	1994	明确划分政府与市场职能分工
	1994	三家政策性银行和国家开发投资公司成立

政府投资变革主要动因	主要事件及年份	政策内容
应对外来冲击	亚洲金融危机、1998	增发长期建设国债
	1998	政府性投资公司负债和土地出让金跳跃式增长
	党的十六届三中全会、2003	深化投资体制改革
	2004	《国务院关于投资体制改革的决定》颁行
	2004	压缩政府投资规模调整政府投资结构
	国际金融危机、2008	进一步扩大内需、促进经济平稳较快增长的十项措施
	2008	地方政府投融资平台空前繁荣
	2009	首次安排发行地方政府债券（代发代还）
	2010	指出着重加强的政府投资方向
	2012	地方扩大内需、促进经济平稳较快增长的十项措施
内外因交融	党的十八届三中全会、2013	全面深化改革
	2013	PPP 专题研讨会
	2014	组建 PPP 工作领导小组、出台一系列 PPP 相关政策文件、公布首批 30 个 PPP 示范项目
	2014	《2014 年地方政府债券自发自还试点办法》、地方政府投融资平台面临终结
	2015	地方政府债券发行元年、《政府投资基金暂行管理办法》、PPP 政策文件密集出台与签约
	2016	PPP 项目逐渐落地、推进地方债多元化

资料来源：作者根据中华人民共和国中央人民政府官网的历次改革文件整理。

二、政府投资规模的变迁

改革开放后随着经济体制改革和市场化推进，我国政府投资规模不断攀升。政府投资的资金来源渠道也不断拓宽，诸如引入外资、银行贷款、发行国债、合资建设、土地出让金、地方政府性债务、引入社会资金等融资渠道。由于政府投资主要为固定资产投资，在此以全社会固定资产投资中国家预算内投资总额、国内贷款金额、利用外资以及自筹资金来近似展示我国的政府投资规模。

数据表明，20多年来我国全社会固定资产投资中国家预算内投资总额和国债发行额绝对值上涨迅速，全社会固定资产投资中国家预算内投资由1996年的576亿元上涨至2020年的51 037亿元，24年投资总额翻了约88.6倍。尤其是1998年亚洲金融危机和2008年国际金融危机后，全社会固定资产投资中国家预算内投资总额增幅有明显提高，并在2010年后继续增长，如表3-5所示。

表3-5　　　　　　全社会固定资产投资总额及其来源　　　　　单位：亿元

年份	固定资产投资总额	国家预算内资金	国内贷款	利用外资	自筹资金
1996	16 529.71	576.40	3 903.19	2 475.60	7 748.18
1997	18 063.54	631.68	4 136.68	2 424.49	8 722.33
1998	20 708.56	1 108.72	4 918.03	2 377.89	9 885.48
1999	21 261.40	1 613.81	5 249.80	1 832.21	10 042.86
2000	23 781.86	1 795.02	6 245.82	1 526.15	11 227.52
2001	27 912.05	2 261.74	6 672.49	1 570.50	13 708.53
2002	33 998.04	2 750.81	8 167.51	1 825.83	16 567.70
2003	48 861.38	2 360.14	11 223.89	2 211.70	23 617.35
2004	63 116.19	2 855.60	12 842.90	2 706.59	32 196.07
2005	80 912.33	3 637.87	15 363.86	3 386.41	44 154.51
2006	101 759.13	4 438.74	18 814.82	3 811.05	56 547.51
2007	130 743.45	5 464.13	22 136.08	4 549.02	74 520.88
2008	158 579.68	7 377.01	25 466.01	4 695.79	97 846.45
2009	218 786.67	11 493.63	37 634.14	3 983.55	127 557.67
2010	273 124.60	13 104.67	45 104.70	4 339.64	165 751.97
2011	336 895.10	14 843.29	46 034.83	5 061.99	220 860.23
2012	399 835.06	18 958.66	51 292.37	4 468.78	268 560.22
2013	481 065.85	22 305.26	59 056.31	4 319.44	324 431.50
2014	532 724.77	26 745.42	64 512.22	4 052.86	369 964.69
2015	573 788.97	30 924.28	60 756.64	2 854.45	405 008.73
2016	606 968.59	36 211.67	66 767.09	2 270.34	404 766.82
2017	629 814.97	38 741.71	72 148.90	2 146.32	408 822.95

续表

年份	固定资产投资总额	国家预算内资金	国内贷款	利用外资	自筹资金
2018	661 107.95	38 780.45	68 252.86	2 096.95	423 949.40
2019	688 213.38	38 431.43	69 617.92	2 795.23	429 884.69
2020	739 141.17	51 036.94	69 617.92	2 672.24	458 686.96

资料来源：国家统计局官网。

如图 3 - 6 所示，我国固定资产投资增量虽有上涨，但是增速却明显下滑。2013 年，我国开始转变增长方式，党的十八大提出要加大产业结构调整力度，让第三产业在国民经济中发挥更大作用，大力推进产业结构转型升级①。在这一过程中，需要大量资金运转的传统行业，如钢铁、冶金、船舶制造等开始转型，伴随着转型"阵痛期"的是固定资产投资增速的下降。2015 年，我国提出供给侧结构性改革，其中降杠杆、去产能和优化投入等政策，使得固定资产投资中的自筹资金增速减缓。

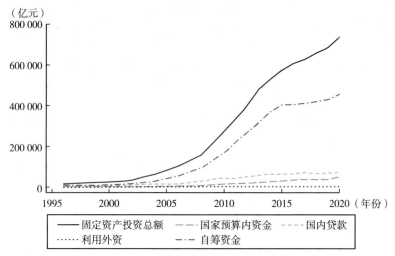

图 3 - 6　全社会固定资产投资总额及资金构成来源

资料来源：国家统计局官网。

---

① 2013 年，《信息化和工业化深度融合专项行动计划（2013～2018 年）》提出信息技术应用和商业模式创新，工业发展质量和效益全面提升；2014 年国务院发布《关于加快发展生产性服务业促进产业结构调整升级的指导意见》，力促我国产业由生产制造型向生产服务型转变；2015年《中国制造 2025》强化高端制造业发展，同年国务院发布《关于积极推进"互联网＋"行动的指导意见》解决互联网和传统产业融合问题。

　　2013～2020 年，我国固定资产投资增速呈先下降后上升的趋势。2013～2017 年为增速下行趋势，2017 年后增速开始反弹。在投资增速下行阶段，我国固定资产投资增速，从 2013 年的 20.32% 降至 2017 年的 3.76%，2017 年降幅虽然已经连续两年收窄，但仍创下 2000～2017 年以来的最低增速。2017 年全国固定资产投资增速比上年放缓 2.02 个百分点。其中，国家预算资金增长 6.99%，增速提高 10.11 个百分点；国内贷款增长 8.06%，增速增长 1.83 个百分点；自筹资金增长 1.00%，增速回落 1.06 个百分点；利用外资比上年下降 5.46%，降幅收窄 15 个百分点。2017 年后为增速反弹回升期，2020 年全国固定资产投资总额为739 141.17 亿元，增速为 7.4%。从固定资产投资各来源部分来看，自筹资金仍是固定资产投资的主要资金来源。2020 年自筹资金占比达到了62.06%，是固定资产投资资金的主要来源；国家预算内资金稳中有增，占到了 6.90%；利用外资和国内贷款占比则逐年降低，在 2020 年，二者分别占据全国固定资产投资的 9.42% 和 0.36%。

　　整体来看，我国固定资产投资保持了稳中有增的态势。当前的投资增速变动是中国经济增速换挡的具体反映，符合宏观调控的预期，也符合经济运行的客观规律。尽管投资增速有所放缓，但投资结构不断优化，投资质量不断提升，投资为促进经济平稳协调发展继续发挥着关键作用。

三、整体投资结构的变动

　　改革开放 40 多年来，特别是 2008 年国际金融危机以来，我国开始深入实施扩大内需战略，增强内需特别是消费需求拉动力，内需与外需、投资与消费失衡状况显著改善，经济增长逐步转向依靠消费、投资和出口协同拉动。我国投资结构不断改善，投资关键性作用得到了持续的发挥。投资不但在支撑经济社会发展中发挥了关键性作用，也对推动产业结构调整优化产生了重要影响。其中，2004～2019 年，第一产业投资年均增长26.81%，第二产业投资年均增长 19.23%。第三产业投资年均增长18.65%。2019 年，第三产业投资占固定资产投资（不含农户）的比重为68.14%，比 2004 年提高 5.6 个百分点；第一产业投资占比为 2.29%，提高 1.12 个百分点；第二产业投资占比为 29.57%，降低 6.73 个百分点。由此可知，我国产业投资趋于合理，产业结构高级化，产业重心逐渐从第二产业向第三产业转移，如图 3-7 所示。

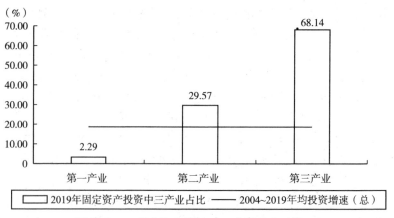

图 3 - 7　三大产业 2004 ~ 2019 年投资变动情况

资料来源：国家统计局官网。

近年来，供给侧结构性改革深入推进，短板领域投资不断加大，投资对优化供给结构、提升供给质量支撑作用明显增强。高技术产业投资快速增长，2013 ~ 2018 年，高技术产业投资年均增长 16.9%，增速比全社会投资高 6.2 个百分点。其中，高技术制造业投资年均增长 15%，增速比全部制造业投资高 5.4 个百分点；高技术服务业投资年均增长 20.3%，增速比全部服务业投资高 8.2 个百分点[①]。

我国政府投资规模和结构的变革都充分体现了投资市场化的趋势。从政府投资结构的角度看，我国政府投资逐步向市场让渡的趋势也非常明显。从计划经济时期政府投资囊括国民经济各个领域，到 1988 年大量生产性领域让位市场，1994 年竞争性领域让位市场，以及 2008 年和 2010 年更加突出政府投资在公益性和公共基础设施等领域的支出责任。随着 2013 年以后供给侧结构性改革的不断深化，也将进一步优化政府投资结构，并逐步运用市场化手段引导政府投资方向、提高政府投资绩效。根据审计署《全国政府性债务审计结果》，我国地方政府性债务余额支出投向主要为市政建设、交通运输设施建设、土地收储、保障性住房等公共基础设施领域，教科文卫、农林水利、生态环境保护等公益性领域也占有一定比重，

---

① 2014 年后我国对地方债进行严格的管控，在《国务院关于加强地方政府性债务管理的意见》的基础上，进行了一系列"疏堵结合"的政策。但是我国地方政府债的主要投向仍然是基础设施领域。2019 年国务院常务会议强调，地方政府专项债应主要投向交通基础设施、能源、生态环保、民生服务、市政和产业园区基础设施建设领域，不得用于土地储备和房地产相关领域、置换债务以及可完全商业化运作的产业项目。

如表 3 - 6 所示。

表 3 - 6　　　　　　2013 年 6 月底地方政府债务余额支出投向情况　　　　单位：亿元

债务支出投向类别	政府负有偿还责任的债务	政府或有负债	
		政府负有担保责任的债务	政府可能承担一定救助责任的债务
市政建设	37 935.06	5 265.29	14 830.29
土地收储	16 892.67	1 078.08	821.31
交通运输设施建设	13 943.06	13 188.99	13 795.32
保障性住房	6 851.71	1 420.38	2 675.74
教科文卫	4 878.77	752.55	4 094.25
农林水利建设	4 085.97	580.17	768.25
生态建设和环境保护	3 218.89	434.60	886.43
工业和能源	1 227.07	805.04	260.45
其他	12 155.57	2 110.29	2 552.27
合计	101 188.77	25 635.39	40 684.31

资料来源：根据《中华人民共和国审计署审计结果公告》（2013 年第 32 号）整理。

　　在投资结构调整过程中，有的学者提出进一步降低国有经济的比重，甚至有的学者认为应该把国有企业完全撤出，国有企业会使经济运行缓慢，应该把市场留给私有企业。这种观点只是片面地从效率的角度考虑问题。我们承认整体上来说，国有企业的劳动效率是低于民营经济的劳动效率的，从劳动生产率的数据表现来看，也很好地支持了这样的观点和判断。但是国有企业主要作用并不是单纯追求产出效率，其更重要的作用是稳定国民经济的运行。因为国有企业是国民经济的"压舱石"，它的作用是稳定经济而非使经济迅速发展。美国等西方国家也一直呼吁让发展中国家完全放开市场，但是发展中国家的经济体制尚不完善与成熟，当这些国家面临经济危机，如果没有很好的应对措施和能力，很可能会让前几十年的积累付诸东流。而以美国为首的发达国家，经过多次经济危机的洗礼后，从企业到个人都有一套成熟且完整的应对与对冲金融风险的举措。我们要充分地认识这种经济社会发展的阶段性差异。

　　所以，中国目前还是要以经济稳定为主，不能盲目学习西方的经济体制。如果没有完整的预防机制和应对机制，来自国际的经济冲击就很容易将在起飞爬升阶段的国家"击落"。所以，在爬升的阶段，在跨过"中等收入陷阱"的阶段，必须保持国有资本的一定比例，然后发挥市场经济的特征，爬过去之后，建立好防范机制，可以考虑适当将部分国有资本退出，进一步提升资本产出效率。不同的阶段不能犯错，在目前这个过程中，核心是要加快经济体制改革，着力探索将市场经济与计划经济相结合的发展模式，经济需要活力与发展的部分更多依靠市场的力量，宏观经济需要稳定的部分要充分地用好计划的力量，综合发展市场经济部分与国有经济部分，发挥混合所有制经济的作用。

在这个阶段，经济发展是不均衡的，这也决定了国家产业关系之间是不平衡的。要调整产业结构，供给侧改革的思路是不会改变的，必须保证核心产业的增长，带动市场之间的流动和价格机制的实现，以此带动其他产业的发展，所以在这个过程中对关键产业和产业链的要求会更高。

第四章

实物投资的效率

传统上看，西方经济学界并不是非常关心投资效率的问题，因为他们认为资本会通过"看不见的手"的机制自动流向利润最高的领域，投资必然是有效率的，即使是有所偏差也是延迟的效应，所以他们提倡的是"小政府"，不同意政府在投资活动中发挥更多的作用，反而是兰格、刘易斯等对计划经济有比较深入研究的学者对于投资效率问题倾注了较多的关注。

前面我们通过宏观经济的基本数据了解了巴西的发展情况。巴西的GDP在2011年时曾一度达到人均13 245.61美元，而到2018年却只有9 001.23美元[①]，经济状况可以说是直线下降。巴西的贷款利率有将近40%。这样基本没有人贷款买房，刺激经济。巴西是唯一一个税率超过50%的国家，居民基本没有获取收入的动力，如表4-1和图4-1所示。

表4-1　　　　　　　　　巴西存款利率与贷款利率　　　　　单位: %

年份	存款利率	贷款利率	存贷款利差
1999	26.02	80.44	54.42
2000	17.20	56.83	39.63
2001	17.86	57.62	39.76
2002	19.14	62.88	43.73
2003	21.97	67.08	45.11
2004	15.42	54.93	39.51

---

① 以上数据来自世界银行。

续表

时间	存款利率	贷款利率	存贷款利差
2005	17.63	55.38	37.75
2006	13.93	50.81	36.88
2007	10.58	43.72	33.14
2008	11.66	47.25	35.59
2009	9.28	44.65	35.37
2010	8.87	39.99	31.12
2011	10.99	43.88	32.89
2012	7.91	36.64	28.73
2013	7.81	27.39	19.58
2014	10.02	32.01	21.98
2015	12.62	43.96	31.34
2016	12.45	52.10	39.65
2017	8.51	46.92	38.40
2018	6.87	39.08	32.21

资料来源：世界银行数据库及 IMF 数据库。

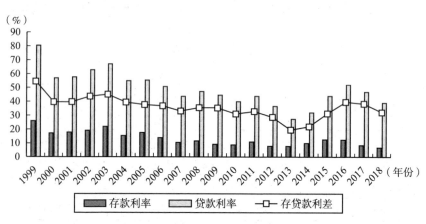

图 4-1 巴西存款利率与贷款利率

资料来源：世界银行数据库及 IMF 数据库。

我们之前在讲税收的时候就提到过，中国古代经常会提倡的一种税率是"什一税"，希望达到的效果是"藏富于民"，但是巴西现在却是"竭泽而渔"了。我国近年来一直都在努力减税降费，实际操作起来并不是一件简单的事情，如果要减税降费那么就要减少支出，这就涉及投资的效率问题。

第一节　投资效率的衡量指标

一、资本产出率

我国学者对于投资效率有较多的研究，而且研究领域主要集中在政府投资的部分。对于财政收入得到的资金在进行投资的过程中效率如何，我们通常用"资本产出比率"（capital-output ratio）来进行衡量。资本产出比率也被称作"资本系数"，是指资本与产出量的比值，表示一定经济条件下的产出量需要投入多少资本。资本产出比率一般用 J 表示，是资本存量或产出量 K 与国民收入总量 Y 之比，可用下式表示：

$$J = \frac{K}{Y} \tag{4.1}$$

在这个公式中，国民收入总量 Y 通常用 GDP 的数值来表示，而资本存量 K 通常用总投资 I 来表示，两者的比值就能说明一个国家的投资效率问题，即投资了多少钱后产生了多少相应的 GDP。

在国际经济中，资本相对丰裕而劳动相对贫乏的国家，其资本产出比率较高，这代表着等量资本可以带来更多的产出量，国民总收入更大，经济增长得更快；同样的道理，资本相对贫乏而劳动相对丰裕的国家的资本产出比率通常较低。在国民经济的各部门或行业中，因技术和相对成本等要素的差异，资本产出比率反映了各该部门或行业的资本密集程度。资本产出比率不是一成不变的，一般情况下，资本产出比率的提高总是和技术进步或创新活动相伴而生。

资本产出比率是经济学中非常重要的一个概念，萨缪尔森认为在均衡增长的经济系统中资本产出比率是一个守恒量，而索罗认为当经济体达到稳态时资本产出比率是一个固定值。另外也有一些学者认为在短期内资本产出比可以保持稳定，但在长期情况下则会呈现下降的趋势。我们根据已有的计算方法对中国的资本存量、经济增长率等相关数据进行了估算,如表 4 - 2 所示。

表 4 - 2　　　1990～2018 年中国经济增长率相关统计数据（1952 年价格）①

年份	全国名义固定资本形成总额（当年价格亿元）	固定资本形成总额指数（上年 = 100）	固定资本形成总额指数（上年 = 1）	投资隐含平减指数（1952 年 = 1）	全国实际固定资本形成总额（1952 年为基期）	实际资本存量（1952 年为基期）	实际国内生产总值（1952 年为基期）
1990	4 636.1	108.0	1.080	1.987	2 333.198	15 805.765	9 075.395
1991	5 794.8	109.5	1.095	2.176	2 663.319	16 736.771	9 919.406
1992	8 460.9	115.3	1.153	2.509	3 372.655	18 275.076	11 327.962
1993	13 574.4	126.6	1.266	3.176	4 274.077	20 546.204	12 902.549
1994	17 187.9	110.4	1.104	3.506	4 902.024	23 196.364	14 579.880
1995	20 357.4	105.9	1.059	3.713	5 482.504	26 136.546	16 183.667
1996	23 319.8	104.0	1.040	3.862	6 038.765	29 310.745	17 785.850
1997	25 363.2	101.7	1.017	3.927	6 458.124	32 556.412	19 422.148
1998	28 751.4	99.8	0.998	3.919	7 335.518	36 323.747	20 937.076
1999	30 241.4	99.6	0.996	3.904	7 746.657	40 089.321	22 549.230
2000	33 527.7	101.1	1.011	3.947	8 495.033	44 190.564	24 465.900
2001	38 063.9	100.4	1.004	3.963	9 605.962	48 953.240	26 496.600
2002	43 796.9	100.2	1.002	3.970	11 030.704	54 618.669	28 907.775
2003	53 964.4	102.2	1.022	4.058	13 298.918	61 931.381	31 798.553
2004	65 669.8	105.6	1.056	4.285	15 325.362	70 469.064	35 010.207
2005	75 809.6	101.6	1.016	4.354	17 413.078	80 158.732	39 001.370
2006	87 223.3	101.5	1.015	4.419	19 738.666	91 112.001	43 954.5442
2007	105 052.2	103.9	1.039	4.591	22 880.995	104 007.121	50 196.090
2008	128 001.9	108.9	1.089	5.000	25 601.080	118 209.020	55 065.110
2009	156 734.5	97.6	0.976	4.880	32 118.603	137 371.915	60 241.230

① 资本存量计算方法参考张军、章元:《对中国资本存量 K 的再估计》,载《经济研究》2003 年第 3 期。

续表

年份	全国名义固定资本形成总额（当年价格亿元）	固定资本形成总额指数（上年=100）	固定资本形成总额指数（上年=1）	投资隐含平减指数（1952年=1）	全国实际固定资本形成总额（1952年为基期）	实际资本存量（1952年为基期）	实际国内生产总值（1952年为基期）
2010	185 827. 3	103. 6	1. 036	5. 056	36 757. 148	159 073. 101	66 626. 800
2011	219 670. 9	106. 6	1. 066	5. 389	40 761. 262	182 399. 951	73 022. 973
2012	244 600. 7	101. 1	1. 011	5. 448	44 893. 310	207 302. 226	78 791. 788
2013	270 924. 1	100. 3	1. 003	5. 465	49 575. 904	234 157. 806	84 937. 548
2014	290 053. 1	100. 5	1. 005	5. 492	52 812. 223	261 306. 333	91 137. 989
2015	301 503. 0	98. 2	0. 982	5. 393	55 903. 254	288 570. 413	97 426. 510
2016	318 084. 0	99. 4	0. 994	5. 361	59 333. 626	316 276. 722	103 954. 086
2017	349 369. 0	105. 8	1. 058	5. 672	61 596. 745	343 209. 538	111 022. 964
2018	380 772. 0	105. 4	1. 054	5. 978	63 693. 893	369 287. 665	118 350. 480

资料来源：历年《中国统计年鉴》。

　　根据上述数据我们可以得到我国资本存量增长率、经济增长率和资本产出比率的变化趋势，如图4-2所示。

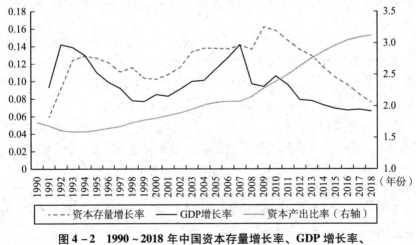

图4-2　1990~2018年中国资本存量增长率、GDP增长率、资本产出比率变化趋势

从以上图表可以看出，1995～2007年我国资本产出比率大致上符合学者推演的短期内保持稳定，从2008年起我国资本产出比率有了显著变化，从这一年开始单位资本产出开始逐渐下降，这可以用4万亿投资计划来进行解释，但是同时要注意的是，同年我国经济增长率也发生下滑。经济增长率下降和资本产出比率提升同时出现，意味着单位产出需要付出更多的资本。

二、劳动生产率

另外，劳动生产率也是衡量产出的一种指标，是指劳动者在一定时期内创造的劳动成果与其相适应的劳动消耗量的比值。劳动生产率水平可以用单位时间内所生产的产品的数量来表示，也可以用生产单位产品所耗费的劳动时间来表示。单位时间内生产的产品数量越多，劳动生产率就越高，反之，则越低。

劳动生产率涉及部门劳动生产率和部门劳动力配置结构两个因素，其增长可分解为如下3个部分：

（1）纯生产率效应（pure productivity effect）。该效应表示以基期产出或投入为权数的行业劳动生产率增长率，即按照基期产出或投入权重，计算行业劳动生产率增加率的加权平均值。之所以称为"纯生产率效应"，是因为它测度了在产出或投入份额不变时各行业劳动生产率增加的平均值。

（2）鲍默效应（baumol effect）。该效应表示在考察期间内各行业劳动生产率和行业权重变动间的相互影响对整体劳动生产率的作用效果。之所以称为"鲍默效应"，是因为鲍默在其不平衡增长理论中阐述了产出与生产率之间的关系——产出增长和劳动生产率增长正相关。

（3）丹尼森效应（denison effect）。该效应表示考察期内因为要素流动或投入权重差异所引起的生产率变动，即不同行业间劳动再分配对劳动生产率的影响。之所以称为"丹尼森效应"，是因为丹尼森认为，劳动力从低生产率部门向高生产率部门转移也会提高整体劳动生产率。

上述思想可以用数学公式来表示。设 X_t 表示 t 时期的GDP；S_t 表示同时期的劳动收入，则劳动生产率为：

$$A_t = \frac{X_t}{S_t} \tag{4.2}$$

考虑劳动生产配置结构的劳动生产率为：

$$A_t = \sum A_{it}\omega_{it} \tag{4.3}$$

在发达国家，不同部门或行业间的劳动配置结构相对平衡。对于发展中国家而言，不同部门或行业间的劳动生产率差异相对明显，因此部门或行业之间的劳动力配置结构的变化，和各行业劳动生产率一样，对劳动生产率有着至关重要的作用，并且发展中国家也可以通过劳动力的结构转变来提高劳动力生产率，将劳动力供给与需求相对接，但这需要有比较完善和有效的劳动力市场，使得低生产率部门的剩余劳动力可顺利转移到高生产率部门。但任何经济体的劳动生产率的增长是由部门劳动生产率变化、部门劳动力配置结构变化以及上述两种变化的交互作用而实现的，对劳动生产率的分析都要从这三个方面开展。

劳动生产率是衡量一个国家经济发展水平和生产力发展水平的核心指标。从历史纵向比较，改革开放对中国劳动生产率的提高起到了很大的促进作用，根据世界银行的报告，中国 2011 年的劳动生产率是 1980 年的 8 倍，按照平价购买力计算，2010 年的中国实际劳动生产率也比 1990 年增长 1 倍以上。但横向比较的结果是，中国的劳动生产率水平不仅比发达国家要落后数十年，甚至比不上拉美以及印度、泰国和摩洛哥等国家。中国科学院曾发布多份报告认为，中国的劳动生产率只相当于美国的 1/12，日本的 1/11。中国劳动生产率的滞后状况，不仅深刻反映了中国经济发展的现状，即中国经济的实际发展质量水平远非表面数据显示的那样高，实际存在很大的泡沫因素，而且因其所衍生的问题，已经对中国经济基本面产生了重大影响，自 2010 年底以来中国经济持续增长势头放缓，就是其突出表征之一。

市场经济的自由属性和权力的干预，是当前中国经济所面临的基本矛盾之一。权力对经济的干预，主要还是依靠行政资源主导下的经济手段的综合运用，比如财政、税收、金融政策等，但更为恶性的权力干预形式则是政府官员通过行政命令直接介入经济运行的具体环节，比如通过权力寻租使得政府招投标行为虚化、弱化。只有通过改革的办法，致力于改变权力主导和过度干预经济的局面，充分发挥市场机制在经济运行中的支配性作用，才能解决中国劳动生产率低下的问题。

三、增量资本产出率

同时，我们还可以用增量资本产出率（ICOR）来反映增加经济产出所需要的投资增量，即投资与经济产出增量之比。用 ΔK 表示资本增量，用 Y 表示年度总产出，ΔY 表示总产出增量，用公式表示：

$$ICOR = \frac{\Delta K}{\Delta Y} \qquad (4.4)$$

通常情况下，增加产出所需的投资越低越好，亦即增量资本产出率越小，投资效率则越高。同样，增量资本产出率 $ICOR$ 的下降也意味着资本产出比率 J 的上升，资本的总体效率下降。

有关我国宏观投资效率的衡量指标，目前大多学者采用边际资本产出率（$ICOR$）和资本产出比（K/Y）。其中 $ICOR$ 应用比较广泛，$ICOR$ 可以看作资本边际生产率的倒数，$ICOR$ 越小，资本边际生产率越高，投资效率也越高；相应地，资本产出比（K/Y）越高，说明投资效率越低，其比值上升速度越快表明投资效率恶化的程度越深。

按照表 4 - 2 的数据进行计算，可以得到我国 1991～2018 年增量资本产出比率变化趋势，如图 4 - 3 所示。

图 4 - 3　1991～2018 年中国增量资本产出比率变化趋势

由我国增量资本产出率的变化趋势可见，1991 年到 2004 年间有相当稳定的增长，2005 年至 2007 年有所下滑，2007 年以后，至 2016 年又有所增长和稳定的回升。2016 年以后，资本产出率又开始逐年下降，也就是说资本的利用效率开始降低，表明单位产出所需要的投入资本较多，经济效益差。当前每新增 1 元 GDP 需要增加 6.9 元投资，投资效率明显低于发达国家平均水平，也大大低于我国 10 年前的水平（2008～2017 年增量资本产出效率平均为5.7；1998~2007年则为4.0），全要素生产率水平仅为美国的43%左右[1]。关于这组数据存在两种不同的解读。第一种观点认为，投资效率的下降的确实代表着目前实体经济的不景气，而且还在一定程度上反映了投资结构不合理的问题；第二种观点认为，这是正常的经济现象，我国经济已经过了高速发展阶段，投资效率的下降是必然现象，维持在一定的范围内即可。

第二节 经济的"脱实向虚"

我们平时经常提及"脱实向虚"这个概念，那么"虚"和"实"到底是怎么划分的呢？我们学习的传统经济学里面实际上没有"实体经济"这样的概念。而"虚拟经济"向前可以追溯到1986年由美国经济学家彼德·德鲁克（Peter Drucker）于1986年提出来的"符号经济"。德鲁克将经济系统分为两种，即实物经济和符号经济。所谓符号经济是指货币和信用，即资本的运动、外汇汇率和信用流通，实质经济即产品和服务的流通，并进一步分析了世界经济出现的新变化。

一、"符号经济"与"虚拟经济"

"符号经济"于1986年被美国经济学家彼德·德鲁克提出，他将经济系统划分为实物经济和符号经济两个部分，其中实物经济指的主要是产品和服务的流通，而符号经济则指的主要是货币和信用，包括资本、外汇汇率和信用流通等方面。

作为一般等价物的货币是最早存在的经济符号，当人们手中存在足够多数量的货币时，符号经济萌芽的土壤就产生了。银行作为中介机构聚集了人们手中闲置的货币，此时存款凭证和有价证券都是经济符号。银行信用和新的货币交易方式使得符号经济的发展进一步扩展，无论是商品交易所还是证券交易所，无论是物质商品还是金融商品，它们都以标准化的形式出现，交易方式的变化促进了经济的逐步符号化，也促进了经济符号市场化的过渡。

---

[1] 根据中国消费网资料整理。

符号经济进一步发展到股票和债券时，就具有了更为明显的虚拟性，其作为金融产品，拥有了独立于真实经济之外的运动规律。而且影响证券价格的因素包括宏观经济形势、货币当局的意志、资金市场供求、行业投机等多重因素，并不完全由真实资本运动来决定，经济符号化的程度逐步提高。及至20世纪70年代以来在布雷顿森林体系崩溃，以逃避管制、规避利率、汇率等市场风险为初衷的国际金融创新蓬勃发展，出现了种类繁多的金融衍生品，如金融期货、期权与互换等。金融衍生品离实体经济越来越远，是符号的符号，它们不再基于实体经济的运动，而是基于种种基本金融产品价格的波动。利率、指数衍生品的交易指向只是一个概念、一个指标，这时，货币已不代表真实商品，它只是金融经济中最重要的一种新兴债务。这时，符号经济的快速膨胀成为现代经济的显著特征。

符号经济与虚拟经济的差异在于，虚拟经济是虚拟资本的循环运动形成的经济系统，它是从与实体资本的相比较中，从其具有的不同的功能来界定的；而符号经济则是对与实质经济相对的另一种经济活动基本特征的概括，即这类经济活动不管其具体的形式如何，都有一个共同的特征，那就是都可以看作经济符号的运动。但从其具体的表现形式来讲，符号经济与虚拟经济并无太大的差异，都表现为货币（纸币、电子货币）、股票、债券、金融衍生工具等的活动。

"符号经济"经过一段时间的发展，逐渐演变成"虚拟经济"，它通常是相对实体经济而言的，是经济虚拟化（西方称为"金融深化"）的必然产物。广义地讲，虚拟经济除了研究较为集中的金融业、房地产业，还包括体育经济、博彩业、收藏业等。

二、投资脱实向虚的数据表现

实体经济和虚拟经济之间并没有一条严格分明的界限，很多经济学家也难以划出严格的分界，他们通常在阐述自己的理论的时候会列出自己的标准。笔者比较认同中国社会科学院的黄慧群提出的划分，他认为实体经济应该有三个层面：最核心的层面是制造业，制造业是支撑国家发展的最根本的实体经济，可以直接产生价值，是立国之本，这部分核心实体经济被称作 R_0；第二个层面是一般意义所说的实体经济，除了制造业 R_0 以外，还要加上工业和农业，这部分被称作 R_1，其价值来自资源的采掘，而不是真正的制造；现在，由于产业之间融合度很大，其实有很多生产型的服务业，比如科研、物流等，所以最广义的实体经济的概念，除了制造业、工业、农业，也可以把其他服务业包括进去，这部分广义的实体经济被称作 R_2，我国目前所说的脱实向虚也是基于 R_2 这个标准而言。除去 R_2 以外的所有行业基本上可以被称作虚拟经济。有两个行业是必须要提出来的，就是金融和房地产，因为金融和房地产本身就构成虚拟经济的主体，如表 4-3 和表 4-4 所示。

表 4-3   2003~2018 年金融业市场行情

年份	社会融资规模存量（亿元）	社会融资规模存量同比增速（%）	境内上市公司数（个）	STV/GDP	BTV/GDP	FV/GDP	FTV/GDP
2003	181 655	22.3	1 287	0.234	1.101	0.005	0.789
2004	204 143	14.9	1 337	0.262	0.790	0.003	0.908
2005	224 265	13.5	1 381	0.169	1.220	0.004	0.718
2006	264 500	18.1	1 434	0.412	1.745	0.009	0.957
2007	321 326	21.5	1 550	1.704	2.327	0.032	1.516
2008	379 765	20.5	1 625	0.836	2.995	0.018	2.251
2009	511 835	34.8	1 718	1.535	3.381	0.029	3.739
2010	649 869	27.0	2 063	1.321	3.686	0.022	7.165
2011	767 791	18.3	2 342	0.862	0.442	0.013	2.810
2012	914 675	19.1	2 494	0.582	0.747	0.016	3.167
2013	1 075 217	17.6	2 486	0.787	1.140	0.021	4.494
2014	1 229 386	14.3	2 613	1.153	1.452	0.031	4.534
2015	1 382 824	12.5	2 827	3.702	1.900	0.064	8.043
2016	1 560 044	12.8	3 052	1.713	3.210	0.035	2.631
2017	1 747 069	12.0	3 485	1.300	3.270	0.028	2.289
2018	2 007 470	9.8	3 584	1.000	2.670	0.027	2.341

注：STV 为股票交易额；BTV 为债券交易额；FV 为基金交易额；FTV 为期货交易额。
资料来源：历年《中国统计年鉴》。

表4-4		2005~2018 年房地产业业市场行情		
年份	房地产开发企业个数（个）	全社会住宅投资（亿元）	商品房平均售价（元/平方米）	房地产开发企业主营业务收入（亿元）
2005	56 290	15 427.2	3 168	14 769.35
2006	58 710	19 333.1	3 367	18 046.76
2007	62 518	25 005.0	3 864	23 397.13
2008	87 562	30 881.2	3 800	26 696.84
2009	80 407	36 428.2	4 681	34 606.23
2010	85 218	45 027.0	5 032	42 996.48
2011	88 419	57 824.4	5 357	44 491.28
2012	89 859	64 412.8	5 791	51 028.41
2013	91 444	74 870.7	6 237	70 706.67
2014	94 197	80 615.1	6 324	66 463.80
2015	93 426	80 247.7	6 793	70 174.34
2016	94 948	80 247.7	7 476	90 091.51
2017	95 897	109 799	7 892	95 896.90
2018	97 937	120 264	8 737	112 924.68

资料来源：历年《中国统计年鉴》。

从表4-4中可以看到，自2005年以来越来越多的资本涌入房地产市场，全社会住宅投资在14年的时间里增长了近7倍，同时房地产开发企业的主营业务收入也增长了近7倍。房地产市场的火热，侵占了大量银行贷款额度，挤压了资金流向实体经济，从而宏观经济表现为脱实向虚。

由表4-5可见，我国的房地产行业和金融业同向增长，对国民经济增长的贡献率是非常稳定的。脱实向虚指脱离实体经济的投资、生产、流通，转向虚拟经济的投资，按照我们的通常理解，可能会认为是投资大量地流向了虚拟的金融和房地产市场，所以资本产出比率就会降低。理由是金融和房地产领域实际上基本是不创造价值的，它的作用是支持实体经济创造价值。造成这种情况很大的一个原因是，虚拟市场的投资回报率是高于实体市场的。但是虚拟经济来自资本化定价，极易受到人们心理预期的影响，目前又依靠资金运作来支撑高水位，因此有极大的市场崩塌的风险。可以说，虚拟经济和实体经济之间的回报率差别越大，经济产生危机的潜在可能性就越大,这也是我国投资体系中存在的两个较大问题:第一,总体上投资回报率逐年降低;第二,投资回报率的结构出现了脱实向虚的隐患。

表4-5　　　　1978~2018年金融业及房地产业生产总值及贡献率

年份	国民总收入（亿元）	国内生产总值（亿元）	金融业（亿元）	金融业贡献率（%）	房地产业（亿元）	房地产业贡献率（%）
1978	3 678.7	3 678.7	76.5	2.08	79.9	2.17
1979	4 100.5	4 100.5	75.9	1.85	86.3	2.10
1980	4 587.6	4 587.6	85.8	1.87	96.4	2.10
1981	4 933.7	4 935.8	91.6	1.86	99.9	2.02
1982	5 380.5	5 373.4	130.6	2.43	110.8	2.06
1983	6 043.8	6 020.9	168.9	2.81	121.8	2.02
1984	7 314.3	7 278.5	230.5	3.17	162.3	2.23
1985	9 123.6	9 098.9	293.8	3.23	215.2	2.37
1986	10 375.4	10 376.2	401.0	3.86	298.1	2.87
1987	12 166.6	12 174.6	506.0	4.16	382.6	3.14
1988	15 174.4	15 180.4	658.6	4.34	473.8	3.12
1989	17 188.4	17 179.7	1 079.6	6.28	566.2	3.30
1990	18 923.3	18 872.9	1 143.7	6.06	662.2	3.51
1991	22 050.3	22 005.6	1 194.7	5.43	763.7	3.47
1992	27 208.2	27 194.5	1 481.5	5.45	1 101.3	4.05
1993	35 599.2	35 673.2	1 902.6	5.33	1 379.6	3.87
1994	48 548.2	48 637.5	2 556.5	5.26	1 909.3	3.93
1995	60 356.6	61 339.9	3 209.7	5.23	2 354.0	3.84
1996	70 779.6	71 813.6	3 698.2	5.15	2 617.6	3.64
1997	78 802.9	79 715.0	4 176.1	5.24	2 921.1	3.66
1998	83 817.6	85 195.5	4 314.3	5.06	3 434.5	4.03
1999	89 366.5	90 564.4	4 484.9	4.95	3 681.8	4.07

年份	国民总收入（亿元）	国内生产总值（亿元）	金融业（亿元）	金融业贡献率（%）	房地产业（亿元）	房地产业贡献率（%）
2000	99 066.1	100 280.1	4 836.2	4.82	4 149.1	4.14
2001	109 276.2	110 863.1	5 195.3	4.69	4 715.1	4.25
2002	120 480.4	121 717.4	5 546.6	4.56	5 346.4	4.39
2003	136 576.3	137 422.0	6 034.7	4.39	6 172.7	4.49
2004	161 415.4	161 840.2	6 586.8	4.07	7 174.1	4.43
2005	185 998.9	187 318.9	7 469.5	3.99	8 516.4	4.55
2006	219 028.5	219 438.5	9 951.7	4.54	10 370.5	4.73
2007	270 704.0	270 092.3	15 173.7	5.62	13 809.7	5.11
2008	321 229.5	319 244.6	18 313.4	5.74	14 738.7	4.62
2009	347 934.9	348 517.7	21 798.1	6.25	18 966.9	5.44
2010	410 354.1	412 119.3	25 680.4	6.23	23 569.9	5.72
2011	483 392.8	487 940.2	30 678.9	6.29	28 167.6	5.77
2012	537 329.0	538 580.0	35 188.4	6.53	31 248.3	5.80
2013	588 141.2	592 963.2	41 191.0	6.95	35 987.6	6.07
2014	642 097.6	641 280.6	46 665.2	7.28	38 000.8	5.93
2015	683 390.5	685 992.9	57 872.6	8.44	41 701.0	6.08
2016	737 074.0	740 060.8	61 121.7	8.26	48 190.9	6.51
2017	820 099.5	820 754.3	65 395.0	7.97	53 965.2	6.58
2018	896 915.6	900 309.5	69 099.9	7.68	59 846.4	6.65

资料来源：历年《中国统计年鉴》。

如图4-4和图4-5所示，近30年间的时间里，我国国民生产总值的金融业贡献率和房地产业贡献率一直在不断攀升，金融业和房地产业占国内生产总值比重愈来愈大。2008年以后，货币与市场的共同作用，直接推动了房地产业的迅猛发展，继而带动房地产开发企业融资规模膨胀。房地产和金融作为资金密集型产业，其在GDP中的占比呈现典型的逆周期特征，体量和占比逐年呈现递增态势。

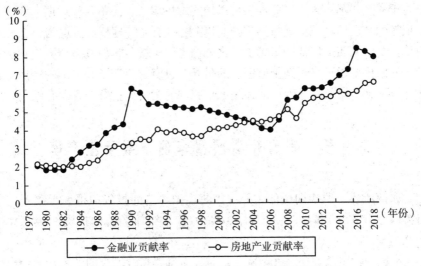

图 4-4   1978～2018 年金融业及房地产业贡献率

资料来源：历年《中国统计年鉴》。

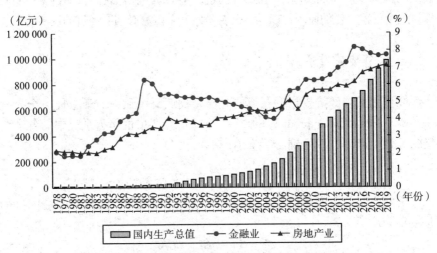

图 4-5   1978～2019 年金融业及房地产业生产总值占比

资料来源：历年《中国统计年鉴》。

投资效率的下降是否意味着我们需要投入更多的资金才能维持经济的增长？那么我们投入的资金又是来自哪里呢？有的学者认为，改革开放前期，中国经济发展依靠的是低成本和高储蓄的人口红利，政府通过不断放权以释放经济活力，让民间资本积累起来并流通起来进行投资，虽然效率不高，但是由于资金并不短缺，因此经济可以始终维持增长；改革开放后期，我们主要依靠的是土地红利，通过招拍挂制度①出让土地管理权，土地为什么这么值钱？这就又回到房地产市场了。这就像是一个链条，但是当金融业和房地产业的回报率远远高于其价值创造的时候，投资就停滞了。中国的经济一直在低效率地高增长，原因可能还是在于我们的大规模投资一直没有停止过。

第三节　提升投资回报率的全要素生产率

如前所述，脱实向虚的主要原因是虚拟经济的投资回报率远高于广义的实体经济 R_2 的部分，接下来，探讨为什么实体经济的投资回报率无法提升上来。

中国的投资效率一直在下降，但是经济却是持续增长的，为什么会出现这样的现象？这种现象是合理的吗？中国的增长之谜是一些已经在发生经济衰退的国家以及其他发展中国家想向我们学习的经验，我们长期以来一直在探讨这个现象产生的原因，以及这是否是发展中国家必须要经过的发展阶段。

一、全要素生产率

在研究实体经济投资回报率的时候，我们要用到一个概念是"全要素生产率"（total factor productivity，TFP），指生产单位作为系统中的各个要素的综合生产率，以区别于要素生产率。

$$全要素生产率（TFP）= \frac{产出总量}{全部资源投入量}$$

全部要素的生产率无法从总产量中直接计算出来，故只能采取间接的办法：

$$GY = GA + aGL + bGK \qquad (4.5)$$

其中，GY——经济增长率；GA——全要素生产率增长率（又称索洛余值或技术进步率）；GL——劳动增加率；GK——资本增长率；a——劳动份额；b——资本份额。

全要素生产率增长率通常叫作技术进步率，是新古典学派经济增长理

---

① 土地招拍挂制度是指我国国有土地使用权的出让管理制度。我国国有土地使用权出让方式有四种：招标、拍卖、挂牌和协议方式。

论中用来衡量纯技术进步在生产中的作用的指标的又一名称，在增长核算中是长期经济增长来源的一个组成部分。全要素生产率的内涵实际上还是技术水平，那么我们的投资是应该用于购买现成的技术，还是用于自主研发新的技术呢？这是一个关键的分离点。有的人认为，购买了先进的生产技术在实际上内含着技术的进步，其实在 20 世纪 80 年代到 90 年代左右，这个观点的确是可行的，因为彼时我国的生产技术远远落后于世界先进水平，我们"巧妇难为无米之炊"，仅仅依靠我们自身努力难以实现真正的、全面的技术进步。到 90 年代以后，我们再购买新技术的时候也会逐渐混合加入我们自主研发的技术，这时候"技术创新"才真正被重视和发展起来。直到现在 40 年过去了，我们国家依然面临着和当时相同的问题，核心技术的掌握依旧是不够的，所以我们的全要素生产率增长率难以提升。我国的全要素生产率大约是美国的40%左右，且中美两国的全要素生产率虽然都在下滑，但我国的下滑速度仍然高于美国。

通常情况下，更高的 GDP 增速有相应的 TFP 增速与之匹配，但是在我国经济增速继续下滑的情况下，提高 TFP 增速就并非是自然而然的事情了。我们可以通过中美全要素生产率的数据来进行对比，如图 4-6 所示。2008 年之前，中国的全要素生产率增长速度是明显高于美国的，但是以 2008 年为分界点，两国的全要素生产率增速都明显下滑——中国的下滑速度甚至超过美国。特别是 2010 年以后，中美全要素生产率的增速都在下降，并且差距在逐渐缩小。

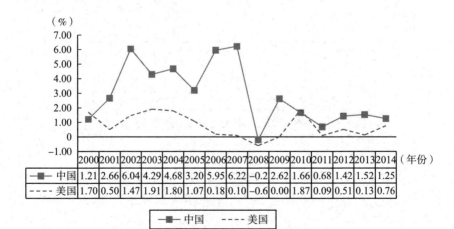

	2000	2001	2002	2003	2004	2005	2006	2007	2008	2009	2010	2011	2012	2013	2014
中国	1.21	2.66	6.04	4.29	4.68	3.20	5.95	6.22	-0.2	2.62	1.66	0.68	1.42	1.52	1.25
美国	1.70	0.50	1.47	1.91	1.80	1.07	0.18	0.10	-0.6	0.00	1.87	0.09	0.51	0.13	0.76

图 4-6 2000~2014 年中美 TFP 增速对比

资料来源：潘恩世界表（PWT v9.0）。

从微观角度，我们可以从中美两国上市公司的全要素生产率数据看到并非完全相同的增长路径。整体上，美国上市公司的全要素生产率是要高于中国上市公司的，中美两国上市公司的全要素生产率虽然存在差距，但是这个差距是在逐渐缩小的，原因在于中国上市公司的全要素生产率的增速快于美国上市公司。2000～2018年，中国上市公司的全要素生产率平均增速达到4.424%[①]，而美国上市公司的全要素生产率的平均增长率为0.449%，我国以大量劳动力和投资拉动经济实现高速增长在一定程度上也促进了全要素生产率的快速提升。从劳动生产率来看，2000～2018年，中美两国上市公司的劳动生产率均显著增长，中国的劳动生产率从45.949千美元/人上升到188.403千美元/人，平均增长率为13%；美国的劳动生产率从236.363千美元/人上升到501.869千美元/人，平均增长率为5%，如图4-7所示。两国之间的劳动生产率差距导致了美国表现出更高的全要素生产率。

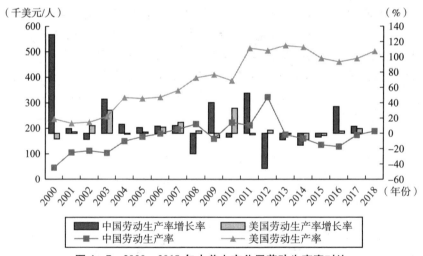

图4-7　2000～2018年中美上市公司劳动生产率对比

资料来源：潘恩世界表（PWT v 9.0）。

如果具体将上市公司分为四类行业类型，分别为劳动密集型、资本和技术密集型、高技术型和非高技术型，对其全要素生产率进行比较，如表4-6所示。

[①]　张其仔：《中国产业竞争力报告（2019）No. 8》，社会科学文献出版社2019年版，第236页。

表4-6 中美主要行业类型上市公司全要素生产率对比

	劳动密集型	资本和技术密集型	高技术型	非高技术型
中国	1.473	1.993	2.108	1.497
美国	2.529	2.501	2.680	2.061

注：根据国家统计局《高技术产业（制造业）分类（2013）》定义"高技术行业"。
资料来源：BVD-OSIRIS全球上市公司数据库。

可以看到，在劳动密集型行业上，中美两国上市公司的全要素生产率，分别为2.529和1.473，说明美国上市公司在劳动密集型行业上的全要素生产率明显高于中国，进一步对比图中可以看出美国的劳动密集型行业上市公司全要素生产率显著高于中国，且差距较高，并没有表现出缩小的趋势；与此对比，在资本和技术密集型行业上，中国的资本和技术密集型行业上市公司的全要素生产率为1.993，而美国的资本和技术密集型行业上市公司的全要素生产率为2.501，虽然美国在该类行业上市公司的全要素生产率依旧高于中国，但是中美两国上市公司的差距呈现出缩小的趋势，如图4-8所示。

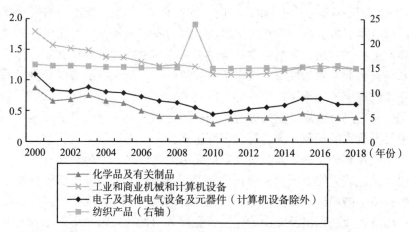

图4-8 代表性行业中美上市公司的全要素生产率差距比较（2000~2018年）
资料来源：BVD-OSIRIS全球上市公司数据库。

二、全要素生产率与投资回报率的提升

值得注意的是，虽然实体经济的投资回报率短时间内无法快速提升，但是我们不能通过降低虚拟经济投资回报率的方式来达到平衡，因为虚拟

经济的投资回报率一旦落至和实体经济一样的水平，那么我们的投资将更加没有活力，经济运行也将会面临更大的压力。所以如果我们希望国民经济可以健康平稳地运行，需要做到的应该是提升实体经济的投资回报率，也就是想方设法提升我们的全要素生产率。前面我们也说到过，我们的技术发展已经经过了快速进步期，短时间内无法再有大幅度提升，这时候还想要提升全要素生产率就要进行结构化改革，也就是供给侧改革，进行需求结构调整，同时维持创新。

既然我们已经确定必须要通过提升全要素生产率来带动经济发展，那么一个问题随之产生：谁来承担提升全要素生产率的重任？

我国引进先进技术之初是从国有企业开始的，随后民营企业才逐渐放开了引进的步伐，但是其全要素生产率迅速地超过了国有企业，出现了像华为、格力这样的大型民营企业，可以说全要素生产率的提升大部分还是要依靠精力充沛的民营企业。

根据张春霖（Zhang Chunlin，2019）的测算，国有企业在 2017 年 GDP 中的份额在 23% ~ 28% 之间，在就业中的份额在 5% ~ 16% 之间[①]，降低这个比率才能提升整体的全要素生产率，但是国有企业在国民经济中的贡献率到底应该到一个什么程度，现在谁都没有一个合适的指标来衡量。国有企业投资效率问题无法解决，因为我们的储蓄率和投资动力都在下降，无法回到通过大量提高投资数量来维持经济增长的模式了。国有企业和民营企业本身的性质就决定了不同的分工，从经济活力的角度来看国有企业的确应该将市场让出一部分空间来，这时候"怎么让"又成了新的问题。如果仍然依靠拍卖的方式将国企转让给民企，那么可能还是会出现国有资产流失的现象；况且部分国有企业退出市场的话，其所承担的大量的劳动就业和相关的功能又是民企所无法完全解决的。国有企业在我们的国民经济这艘大船上所扮演的角色就是"压舱石"，是维持稳定的基本因素，如果整艘船过于轻便快捷，那么在遭遇风浪的时候也会很快被击垮。

国有企业在国民经济中的作用究竟该如何发挥？怎么更好地发挥其稳定经济的作用？现在进入了一个两难的境地，这也是我们投资效率改革的一个难点。难关需要逐个攻破，但是不管怎么样，技术创新的脚步是不能停滞的，因为归根结底，创新才是经济发展的最强劲动力，我们要在保证技术开发和创新发展的基础上等待新的机遇。

---

① 张春霖：《国企对中国 GDP 和就业的贡献有多大？》，载《中国改革》2019 年第 5 期，第 34 ~ 39 页。

第五章

经济新常态背景下的投资问题

本章是从发展的角度简单讨论中国经济新常态背景下的固定资产投资，房地产投资以及创新投资，这里有几个思考的视角需要注意。第一个是发展的视角看待投资问题，这也是历史的视角。任何经济体的成长都有阶段特征，即使经济总量在增加，增加的过程也不会保持同样的一个增长速度，有持续加速的过程，也会有持续减速的过程，甚至有的经济体还会出现总量减少的情况。第二个是对中国经济新常态的理解，我们认为是经济总量依然增加，但是增速渐渐降低的过程，这个过程可能会持续一个相当长的时间。第三个视角是关注经济新常态背景下的主要投资内容。首先是固定资产投资，主要是指形成固定资产的基础设施投资。2021 年 12 月的中央经济工作会议明确提出"适度超前开展基础设施投资"，这进一步表明了经济新常态背景下固定资产投资的重要性。其次是房地产投资需要格外引起注意，毕竟中国的房地产是居民家庭的重要资产配置对象，对宏观经济的稳定具有重要的作用。最后一个需要特别关注的是创新投资，经济增长的原动力之一是科技创新，哪怕是我们认可需求带动了创新发展（甚至是产生），从经济运行的角度来理解创新投资的意义依然非常重要。

第一节 "经济新常态"背景下的经济运行

我国近年来一直维持在低通货膨胀率的状态，GDP 增速在逐渐减缓，我们把现在的状态称为"经济新常态"。新常态一词首次出现在 2014 年 5 月习近平在河南考察时的表述之中。对于"中国经济新常态"的内涵和外延如何进行界定，学界提出了众多观点。

（1）经济发展阶段论。持此观点的学者倾向于将新常态理解为我国经济发展过程中必须经历的一个阶段。他们认为新常态是我国经济经过30年高速成长后才呈现出的状况，标志着我国进入更高水平的发展阶段，是经济运行内部矛盾的必然结果，且自2008年之后，国内传统产业相对饱和，人口红利消失倒逼我国进入新常态，这种状态要持续至少10年时间。

（2）经济增长质量论。持此观点的学者认为经济新常态的突出特点是更注重经济增长的质量。他们认为新常态是相对于我国前一段时间超长的经济高速增长而言的概念，要注重经济结构的完善，希望能够在增长减速的同时提高经济增长的质量，优化结构、提高效率。

（3）制度改革论。一些学者从认为新常态是为我国进一步的社会经济制度改革做铺垫，他们认为中国新常态的主题是在低增长时代寻求经济体制的改革，试图为新一轮的增长创造一个制度基础。

（4）战略思维论。不同于将经济新常态认定为客观状态的看法，也有部分学者将其上升为战略层面，认为经济新常态是一种战略思维和战略心态，就是我们以何种主观意识来判断经济运行可以与否。

除此之外，还有学者将已有研究划分为状态论、阶段论、形态论、结构论和综合论等观点。

状态论认为，经济新常态可以从字面意思进行理解，即中国经济发展的一种新的状态，所谓"新"指的是这是在中国经济发展过程中从未出现过的，是相对于"上一个时期或阶段"而言的，"常态"则指的是这个新阶段将会形成一个相对稳定的状态，不会是短暂、突发的临时状态，而是稳定、持续的长期状态。

阶段论学者认为，经济新常态是中国经济发展的新阶段或过程，这部分学者将经济新常态定义为我国经济发展在新阶段呈现的一种崭新的而且将持续一段时间的发展态势，他们认为中国经济新常态不是两三年的短期状态，也不是几十年的长期状态，而是指大约十年左右的中长期状态。

形态论的观点认为，经济新常态是在中国通过高信贷、高货币投放而维持的高储蓄—高投资增长模式难以为继、人口结构变动、全球经济再平衡和第三次工业革命兴起的大背景下，对中国经济在未来一段时期较为冷静的认识。

结构论认为中国经济新常态是机构优化再平衡，中国将在这个阶段实现产业结构、质量结构、区域结构、金融结构和市场结构的转变和深度分化。

综合论不同于以上四种观点，持综合论的学者观点相对复杂，有的学者认为经济新常态是一种经济发展的必然反映；有的学者认为这是一种过渡时期的形态等。

一、经济新常态的特征

与原有经济发展状态相比，经济新常态表现出一系列独有的特征。2014 年 12 月中央经济工作会议首次对经济新常态的九大特征做出了全面阐述，结合目前学界的研究来看，人们对于经济新常态的特征的理解有以下几种。

（1）经济增长速度的新常态。这种观点认为我国经济增长从高速转向中高速"换挡"，经济增速逐渐放缓是经济新常态最直观的特征。从数据上来看，我国经济过去 30 多年的高增长奇迹已经结束。自 2010 年以来 GDP 增长率一直处于下降的趋势，2018 年 GDP 增长率为 6.57%，达到 1990 年以来的最低点，如表 5 - 1 所示。在未来十年的经济增长目标都应控制在 10% 以下。

表 5 - 1　　　　　　　　2010 ~ 2018 年 GDP 增长率

项目	2010 年	2011 年	2012 年	2013 年	2014 年	2015 年	2016 年	2017 年	2018 年
GDP 增长率（%）	10.64	9.55	7.86	7.77	7.3	6.91	6.74	6.76	6.57

资料来源：国家统计局官网。

需要明确的是，在经济新常态下，经济增长的速度是逐步放缓的，但是经济总量依然保持着上升的态势。以国内生产总值表示的经济总量就是逐步上升的过程（如图 5 - 1 所示），2019 年支出法计算的国内生产总值已经超过了 99 万亿元，2020 年突破了 101 万亿元。最近两年的绝对值增长虽然不多，但是上涨的趋势没变。

（2）经济结构的新常态。这种观点认为经济发展新常态的特征不仅是经济增长速度的改变，更意味着我国经济结构的优化。从产业结构来看，2013 年第三产业占国民生产总值比例达到 46.9%，第一次超过第二产业，是我国产业转型的转折点；高新技术产业发展迅速，产业结构不断优化。从区域经济结构来看，传统东、中、西部格局将逐渐弱化，长江经济带等新区域作为发展的重点逐步崛起。经济结构优化转型将是我国未来一段时间的发展重点，追求转型将成为经济发展的常态。

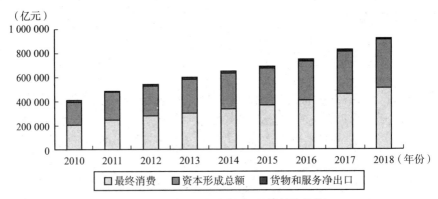

图 5-1 2010~2018 年 GDP 增长与结构

资料来源：国家统计局官网。

（3）经济增长方式的新常态。这种观点认为经济新常态的实质是经济增长方式的转变，以及经济增长是否能带来国民幸福感的提升。我国前期高速发展给资源、环境及劳动力造成巨大压力，粗放型增长方式难以为继，经济新常态提出了向集约型增长过渡的要求，提高经济增长质量，使经济效益、生态效益和社会效益全面提升。

（4）经济增长动力转换的新常态。这种观点认为经济新常态的主要特征是经济增长动力的转化，主要表现为增长动力由出口让步于国内消费以及创新驱动引领经济发展。在我国步入中等收入陷阱之后，投资对经济增长的推动力将大大减弱，必须要有新的动力来拉动经济增长，这个动力就是消费。在改革开放以来的增长过程中，要素和投资对经济增长的贡献已经难以持续，未来的经济增长必须变换增长动力，让科技创新来引领经济发展。习近平总书记在 2014 年 APEC 会议上强调了创新的作用，在新一轮全球增长面前，唯创新者强。

（5）经济发展面临的风险与挑战的新常态。新常态带来经济增速和经济结构的变化的同时，我国经济发展也会面临前所未有的风险和挑战。企业和地方政府债务风险以及以房地产行业为代表的虚拟经济泡沫风险错综复杂，如何有效清理地方融资平台，化解金融风险成为实际工作中一个重要的挑战。虽然解决债务杠杆以及房地产泡沫的过程会较为痛苦，但通过这种倒逼机制，能够促使经济走上改革道路，是我国经济转型的必然选择。

二、经济新常态带来的机遇和挑战

中国经济进入新常态之后，新的机遇和挑战都随之而来。

（一）经济新常态带来的机遇

1. 加快城镇化进程

许多学者都认同经济新常态对于加快我国城镇化进程有着积极影响，根据国家统计局发布的数据，2018 年末，我国常住人口城镇化率达到 59.58%，常住人口城镇化率比 2011 年提高了 8.31 个百分点，年均提高 1.19 个百分点；户籍人口城镇化率达到 43.37%，比 2015 年提高了 3.47 个百分点，年均提高 1.16 个百分点。目前发达国家平均城镇化水平大约在 70% 左右，如果要达到发达国家水平，我国的城镇化增长潜力还是比较可观的。

2. 产业结构和空间结构优化

经济新常态为我国东、中、西部地区间以及第一、第二、第三产业间经济平衡发展提供了优化的机遇，一方面，东部地区劳动力和土地成本的上升在一定程度上弱化了地区制造业的竞争优势，因此制造业开始向中部和西部地区转移；另一方面，中西部地区能够承接东部地区产业实现产业升级，获得发展机遇。根据国家统计局公布的数据，近年来第三产业占 GDP 比重逐年上升，2019 年全年第三产业增加值占国内生产总值的比重为 53.9%，比上年提高 0.6 个百分点，高于第二产业 14.9 个百分点；对国内生产总值增长的贡献率为 59.4%，如图 5 - 2 所示。消费作为经济增长主动力作用进一步巩固，最终消费支出对国内生产总值增长的贡献率为 57.8%，高于资本形成总额 26.6 个百分点。居民消费升级提质。全年全国居民人均消费支出中，服务性消费支出占比为 45.9%，比上年提高 1.7 个百分点。全年全国服务业生产指数比上年增长 6.9%。信息传输、软件和信息技术服务业，租赁和商务服务业，金融业，交通运输、仓储和邮政业增加值分别增长 18.7%、8.7%、7.2% 和 7.1%，增速分别快于第三产业 11.8 个、1.8 个、0.3 个和 0.2 个百分点。

3. 全面深化体制改革

在新常态背景下，习近平总书记将改革重新提上日程。他指出，"全面深化改革，既是对社会生产力的解放，也是对社会活力的解放，必将成

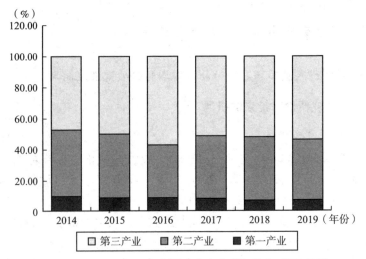

图 5 - 2   2014 ~ 2019 年中国三次产业增加值占 GDP 比重

资料来源：国家统计局官网。

为推动中国经济社会发展的强大动力"。[①] 体制改革是目前中国最大的红利，进一步深化改革能够带给中国更广阔的发展机遇。

（二）经济新常态带来的挑战

1. 宏观经济面临的挑战

学者们对于此方面有诸多讨论，主要可以归纳为：第一，产能过剩的矛盾依然突出；第二，转换升级过程中财政金融风险依然存在，房地产库存较高且企业和地方政府负债较高；第三，创新能力和动力不足，后发优势亟须释放。

2. 地区和企业面临的挑战

新常态下西部地区面临的挑战要高于东部地区，如传统产业升级困难、西部地区企业经营环境没有得到改善、投资增长趋势放缓、可持续发展动力不足等。企业在新常态下则必须要面对产业结构轻型化不可逆转的趋势，面对传统城镇化模式对于经济增长的边际贡献率下降的情况，改革红利又难以立竿见影，中短期内发展面临若干风险和不确定性。

---

① 《习近平：全面深化改革必将成为推动发展的强大动力》，人民网，2014 年 11 月 9 日，http：//politics. people. com. cn/n/2014/1109/c1024 - 25998984. html。

三、经济新常态下的政策取向

在经济新常态下，中国经济具有巨大的增长潜力在理论上是不争的事实，但政府在实际工作中如何充分对增长潜力进行开发，使其为经济增长提供充分动力成为目前迫切需要解决的问题。大体来看，理论界的观点主要集中于通过进一步挖掘我国人口红利、刺激消费、鼓励创新和转换动力来实现新常态经济增长潜力的开发。

（一）通过人口红利再挖掘开发新常态的经济增长潜力

近十年来，我国人口结构逐渐进入"人口新常态"。主要表现出低增长率、老龄化加速、劳动人口减少、人口素质提高和人口城镇化等特征。自 2008 年我国东部出现用工荒之后，许多学者认为我国进入了刘易斯拐点，人口红利正在衰减，依靠廉价劳动力的成本优势时代也即将结束。一方面，一些学者认为可以通过一些政策来增加劳动力供给量，如通过延缓退休人员年龄，提高劳动参与率尤其是农村居民劳动参与率来延长人口红利；另一方面，有计划、合理地逐步放松计划生育政策，通过提高生育率来增加劳动力供给，以此减少人口红利下降给经济带来的冲击。2013 年和 2015 年我国先后实行的"单独二孩"政策、"全面二孩"政策，2016 年开始取消晚婚的婚假等政策的意义都在此。

从数据来看，截至 2019 年末，全国 16～59 岁人口为 89 640 万人，占 64.0%；60 岁及以上人口为 25 388 万人，占 18.1%，其中，65 岁及以上人口为 17 603 万人，占 12.6%。与 2018 年末相比，16～59 岁劳动年龄人口减少 89 万人，比重下降 0.28 个百分点；老年人口比重持续上升。我国劳动年龄人口总量仍近 9 亿人，仍有 7.7 亿就业人口，如图 5－3 所示。

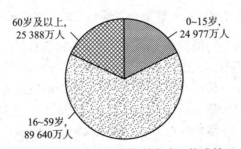

图 5－3　2019 年全国各年龄段人口构成情况

资料来源：国家统计局官网。

（二）通过消费拉动增长开发新常态的经济增长潜力

目前我国居民消费对经济增长的拉动力与发达国家的平均消费率水平存在一定差距，但是近年来居民消费率逐年提高，呈现出积极的增长趋势。从近年来公布的数据来看，2019 年，最终消费支出对经济增长的贡献率为 57.8%；资本形成总额对经济增长的贡献率为 31.2%；货物和服务净出口的贡献率是 11%[①]。同时，居民消费不仅是总量的增加，更表现出多样化个性化的消费。在经济新常态下，我国消费增长的空间和潜力都是巨大的。

（三）通过创新驱动发展开发新常态的经济增长潜力

根据经济增长一般理论，影响一国经济增长的主要因素有四个，包括劳动力要素、自然资源要素、资本和技术进步。在边际收益递减的前提下，技术进步是推动经济增长的重要动力，而技术进步的根源在于创新。创新对于经济发展的巨大潜力还表现在它能够支撑我国目前经济发展中诸多新增长点的发展，能够解决社会发展中的许多问题。创新具有其他投入要素所不能比拟的高溢出效应和扩散效应，在产业内部、各产业间都能实现技术溢出和共享。根据国家统计局公布的数字，2017 年我国 R&D 经费投入强度达到 2.15%，比 2010 年上升 0.44 个百分点。并且是已经连续四年超过 2%，且呈现出持续上升的态势。到 2018 年，我国 R&D 经费支出为 19 657 亿元，比上年增长 11.6%，其中基础研究经费 1 118 亿元。根据科技部 2018 年 6 月 25 日发布的《关于加强国家重点实验室建设发展的若干意见》显示，到 2020 年，要基本形成定位准确、目标清晰、布局合理、引领发展的国家重点实验室体系，数量稳中有增，总量保持在 700 个左右。

（四）通过经济增长动力转换开发新常态的经济增长的潜力

这种观点认为经济增长潜力的开发和动力转换是新常态背景下中国经济增长中的关键问题。在新常态背景下以工业化的逻辑开发我国经济增长潜力的路径，应是将传统产业的改造与新兴产业的发展有机结合，以制造业的发展和现代化为核心，以回归实体经济为思路，构建现代产业体系；振兴装备制造业，改造传统产业，发展现代制造服务业。在政策取向上应

---

① 根据国家统计局官网资料整理。

处理好传统产业与现代产业的关系，拓宽传统产业技术创新的融资渠道，完善技术创新的社会服务体系。

目前我们国家正在进行供给侧改革，减税降费，尽可能用已有的资源生产需要的产品，实现资源优化配置，提振消费。但是不得不说这只是一个短期策略，从长期来看，只有创新才能带动经济长足发展。比如，现在有人提出了新供给经济学的主张，从微观来看，每一个产品都有自己的生命周期，从生产出来到走向衰落有一个过程，只有不断创新变革才能延续生命，从而促进经济发展。这个道理很简单，创新才能推动科技进步，科技进步提供了新的产品供给，新技术新产品的出现促使我们对现有的产品进行更新换代，也就是消费升级，这样会源源不断地提升消费需求，经济才有发展的活力。就拿苹果产品举例，苹果每次推出新产品看似是用新的供给给我们创造了需求，但实际上新产品的背后是因为有不断的技术革新在支撑，让我们不断产生换一套新产品的需求。

创新带动发展，一个有力的佐证就是中美贸易战里美国所紧盯不放的10个领域——新一代信息技术产业（集成电路等）、高档数控机床和机器人、航空航天装备、海洋工程装备及高技术船舶、先进轨道交通装备、节能与新能源汽车、电力装备、农机装备、新材料、生物医药及高性能医疗器械等领域。这些领域都是高新技术集中的领域，美国加强对高新技术领域相关的中国个人和实体实施出口管制，并采取具体投资限制的这一系列措施，很大一部分目的是抢占新领域、新风口，保护住自己的技术创新。

在没有技术革命带来消费换代升级的背景下，提高有效需求是核心，但是要与供给学派的观点结合形成策略。短期：通过需求拉动经济增长，特别是要提高货币的周转速度；中期：通过供给侧改革改变产业结构，提高产品的适用性，增加有效需求，形成完整产业链；长期：创新引领产业发展，带动市场有效需求，争取实现现有消费水平的换代升级。这是完整的宏观经济发展战略。要实现上述战略目标，有几个关键的投资问题，需要关注。

第二节　固定资产投资的关键作用

一、固定资产投资的概念

固定资产投资是指投资主体垫付货币或物资，以获得生产经营性或服务性固定资产的过程。固定资产投资包括改造原有固定资产以及构建新增固定资产的投资。由于固定资产投资在整个社会投资中占据主导地位，因此，通常所说的投资主要是指固定资产投资。固定资产是在社会再生产过程中可供长时间反复使用，并在使用过程中基本上不改变其实物形态的劳动资料和其他物质资料。

全社会固定资产投资额是以货币形式表现的在一定时期内全社会建造和购置固定资产的工作量以及与此有关费用的总称。该指标是反映固定资产投资规模、结构和发展速度的综合性指标。全社会固定资产投资按登记注册类型可分为国有、集体、联营、股份制、私营和个体、港澳台商、外商、其他等。（国家统计局）

固定资产投资的数据也是公开的，在统计年鉴和 Wind 上都可以查到，但是要注意的是公开数据的固定资产投资给定的是完成额。固定资产投资完成额是以货币表现的固定资产建设完成的工作量。它是反映固定资产投资规模的综合性指标，包括实际完成的建筑工程价值、机械设备安装工程价值、购置或自制达到固定资产标准的设备、工具、器具的价值以及实际发生的其他投资建设费用。

我国的固定资产投资是按照项目来。固定资产投资额逐年上升，但是增速逐渐放缓，在 2018 年固定资产投资额达到顶峰为 635 636 亿元，如图 5 - 4 所示。我们国家做投资的时候，是分级分类审批和备案的，所有步骤完成了，再合并之后才会形成统计报表上的固定资产完成额。

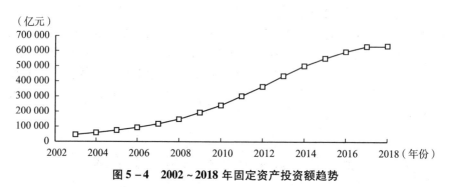

图 5 - 4　2002 ~ 2018 年固定资产投资额趋势

资料来源：Wind 数据库。

分产业看，如表 5 - 2 所示，2018 年的第二产业和 2019 年的第三产业的固定资产投资额最多，分别为 237 899 亿元，占 30%；375 775 亿元，占 68%。

表 5 – 2　　　　　**2003～2019 年分产业全社会固定资产投资额**

年份	第一产业（亿元）	第二产业（亿元）	第三产业（亿元）	总额（亿元）
2003	535	16 628	28 649	45 812
2004	645	22 835	35 548	59 028
2005	843	31 592	42 661	75 096
2006	1 118	39 545	52 706	93 369
2007	1 460	50 814	65 190	117 464
2008	2 250	64 900	81 588	148 738
2009	3 356	81 991	108 573	193 920
2010	3 926	101 013	136 492	241 431
2011	6 819	132 212	163 365	302 396
2012	8 772	158 060	198 022	364 854
2013	9 109	184 549	242 090	435 748
2014	11 803	207 459	282 003	501 265
2015	15 562	224 048	311 980	551 590
2016	18 838	231 826	345 837	596 501
2017	20 892	235 751	375 040	631 683
2018	22 413	237 899	375 324	635 636
2019	12 633	163 070	375 775	551 478

资料来源：Wind 数据库。

　　分省份来看，如图 5 – 5 和表 5 – 3 所示，2017 年的全社会固定资产投资额山东（55 203 亿元）和江苏（53 277 元）处于最前列，西藏（1 976 亿元）和宁夏（3 728 亿元）最少①。

----

　　①　由于各个省份的固定资产投资额统计时间不同，最全面且最新的可统计到各个省份全社会固定资产投资额的年份为 2017 年。

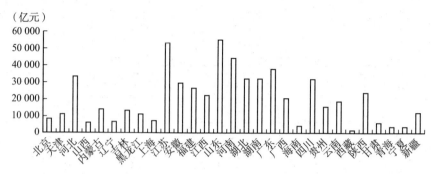

图 5 – 5 2017 年固定资产投资额

资料来源：根据中经网数据库和《中国统计年鉴 – 2017》数据整理。

表 5 – 3　　　　　　2017 年分地区全社会固定资产投资额

地区	投资额（亿元）	地区	投资额（亿元）	地区	投资额（亿元）
北京	8 370.4	安徽	29 275.1	四川	31 902.1
天津	11 288.9	福建	26 416.3	贵州	15 503.9
河北	33 406.8	江西	22 085.3	云南	18 936
山西	6 040.5	山东	55 202.7	西藏	1 975.6
内蒙古	14 013.2	河南	44 496.9	陕西	23 819.4
辽宁	6 676.7	湖北	32 282.4	甘肃	5 827.8
吉林	13 283.9	湖南	31 959.2	青海	3 883.6
黑龙江	11 292	广东	37 761.7	宁夏	3 728.4
上海	7 246.6	广西	20 499.1	新疆	12 089.1
江苏	53 277	海南	4 244.4	—	—

资料来源：《中国统计年鉴 – 2017》。

二、固定资产投资的效率指标

　　讲到固定资产投资其内容很多是与项目评估密切相关的，因为每一笔投资都以项目的形式落实的，投资项目是有收益率的，也是要计算投资效率的，收益率达不到目标要求就不会发生。那么，投资的收益率如何衡量呢？是通过计算运营获得的现金流量而获得。从国家角度来看，需要注意两个重要的指标，固定资产的投资率和投资资本回报率。固定资产投资率是指固定资产投资规模占国内生产总值的比重，反映的是固定资产投资对经济增长的贡献，而不是固定资产投资本身的变动幅度。因此，难以用固定资产投资率直接反映对经济增长的作用。

固定资产投资率 = t 年全社会固定资产投资总额/t 年 GDP

资本投资回报率是指投出和（或）使用资金与相关回报（回报通常表现为获取的利息和/或分得利润）之比例，用于衡量投出资金的使用效果。

表 5－4 和图 5－6 是根据 Wind 数据库和财富证券统计数据整理的，从 2004 年至 2017 年我国固定资产投资率与投资回报率的数值。如果回报率太低，投资率过高，就意味着社会的资产更多地流向了固定资产，资产的流动性不足。如果此时的社会平均投资收益率很高，而投资率不高，则说明固定资产投资率不足，后续增长乏力。固定资产投资率 2016 年最高，为 0.806，2004 年最低为 0.365；资本投资回报率 2007 年最高，为 0.063，2005 年和 2017 年最低，均为 0.039。特别需要注意的是，投资率和投资回报率这两者之间也存在时滞，并不是投资完成了之后马上就能形成生产力，两者的匹配需要一个过程，这个投资与形成产能的过程也是宏观经济存在波动的原因之一。

表 5－4　　　　　2004～2017 年固定资产投资率与投资回报率

年份	固定资产投资率	资本投资回报率	年份	固定资产投资率	资本投资回报率
2004	0.365	0.047	2011	0.620	0.049
2005	0.401	0.039	2012	0.677	0.046
2006	0.425	0.048	2013	0.735	0.048
2007	0.435	0.063	2014	0.782	0.046
2008	0.466	0.037	2015	0.804	0.043
2009	0.556	0.050	2016	0.806	0.040
2010	0.586	0.052	2017	0.770	0.039

资料来源：根据 Wind 数据库和财富证券统计数据整理。

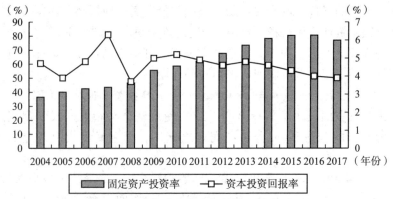

图 5 - 6   固定资产投资率与投资回报率对比图

资料来源：根据 Wind 数据库和财富证券统计数据整理。

固定资产投资还需要注意的就是资金来源比例的问题，是国有企业形成的固定资产还私营社会资本形成的资产，看这个比例和利润水平就能发现问题。如果说私营企业可以有较高的回报率但是比例很低，这就是存在着错配。其实这也就可以更好地解释晚清的经济结构的错配问题，社会资本投资基本为零，都是自给自足的小手工业者，国家投资效率又很低，所以只能投军工。

三、基础设施投资对经济发展的影响

基础设施投资是中国固定资产投资的主要来源之一，历年来占全社会固定资产投资的比例均超过了 20%，如图 5 - 7 所示。

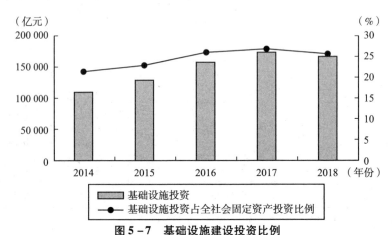

图 5 - 7   基础设施建设投资比例

资料来源：2014 ~ 2018 年《中国统计年鉴》。

虽然传统的基础设施建设投资在逆周期政策中发挥着重要的作用，但也给经济带来了产能过剩等一系列结构性的问题。2015 年 11 月中央提出供给侧改革，旨在优化产业结构、提高产业质量，此后一系列产业升级、科技创新的政策不断出台。此次新型基础设施建设将是推动中国高质量发展的重要支撑，在经济转型升级的过程中将扮演着重要的角色。5G、人工智能、工业互联网、物联网等新型基础设施建设将产生长期性、大规模的投资需求，拉动有效投资的新增量，将在促内需和稳投资中发挥重要作用。

（一）基础设施投资促进经济增长的机理

最早提出采用基础设施投资促进经济增长的是美国的第 32 任总统富兰克林·德拉诺·罗斯福（Franklin Delano Roosevelt）。1929 年 10 月，从美国纽约股票市场崩溃开始，空前的世界性大危机爆发了。这次危机持续了五个年头，金融危机与工农业危机相互交织，生产力遭到了严重的破坏。到了 1933 年，整个资本主义世界工业比 1929 年下降了 37.2%，倒退到了 20 世纪初的水平，在各国造成了高达四五千万的失业人口。这场最深刻、最持久、破坏最严重的经济危机使得英美国经济陷入了空前的困境。

罗斯福运用政府权力对经济进行积极的干预，增发货币，刺激对外出口；增加政府对农业购买，缓解过剩；拨款 33 亿美元举办大规模公共工程，即"以工代赈"。其采取的政策被称为罗斯福新政。罗斯福新政与凯恩斯主义中的政策主张不谋而合。凯恩斯认识到"供给会自动创造需求"的萨伊定律已不能拯救美国，他提出了有效需求不足与充分就业理论，认为国家应该干预经济，实施积极财政政策，增发货币，扩大出口。理论和实践相互补充，最终带领美国走出了经济危机，如图 5-8 所示。

需要注意的是，通过政府支出带动经济增长的反衰退政策有较为明显的作用，美国在应对 20 世纪 30 年代的经济危机和中国应对 2008 年的世界金融危机采用政府支出拉动经济增长都证明了这一观点。其实，在经济危机时，通过扩大政府支出促进经济增长的逻辑不难理解。在经济危机时期，行业萧条，工人没有购买能力，商人生产出来的货物卖不出去，为保证利润，生产出来的牛奶等商品只得销毁，政府首先通过宽松的财政政策从农民手中购买了生产过剩的粮食，并且增发货币发放救济金，这样居民手中拥有了货币（名义货币），就可以去购买商品，而企业家卖出商品也

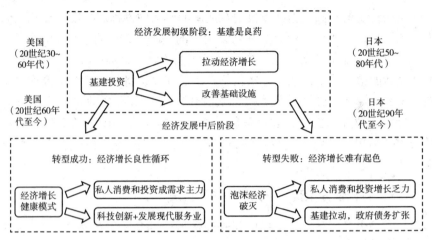

图 5-8　基建投资作用与经济发展阶段的关系

资料来源：海通证券研究所。

就获得了利润，因此可以继续生产和雇用劳动力，经济得以正常运转。那么对于生产的大量过剩的水泥，钢材等工业用品，政府则实施财政拨款大兴基础设施建设，既解决了大量工人的就业问题又消耗掉了生产过剩的工业用品。这其实是利用了欧文·费雪（Irving Fisher）所提出的"货币幻觉"，工人拿到救济金和财政拨款建设基础设施后发放的工资，都是政府增发货币而来，但是此时货币并没有大量流动，物价还没有上涨，所以依旧可以短暂维持货币原先的购买力，而之后的通货膨胀也会被经济增长所消化掉。这也就是凯恩斯主义认为的，经济增长必然伴随着轻微的通货膨胀。

美国 20 世纪 70 年代出现了经济停滞和通货膨胀同时出现的"滞胀"现象，这就是因为美国长期通过增发货币投资建设基础设施，"货币幻觉"已消失，经济的增长无法消化掉通货膨胀时就会出现"滞胀"现象。中国的基础设施投资资金来源与美国不同，虽然拥有部分的财政拨款，但是更主要的资金来源还是地方政府以债务为主的自筹资金，中国也成为第一个内债超过外债的国家，当然这也存在一些问题。下面将通过中美发展阶段的对比，理解为何我国在此时提出建设新型基础设施。

（二）中美基础设施投资的对比

美国与中国都存在依靠基础设施投资拉动经济增长的现象，但是近年来，中国的固定资产投资增速下降，而（传统）基础设施投资对于经济增速也开始出现负相关。巧合的是美国这一阶段出现在 20 世纪 70 年代前，如图 5 - 9、图 5 - 10 所示。

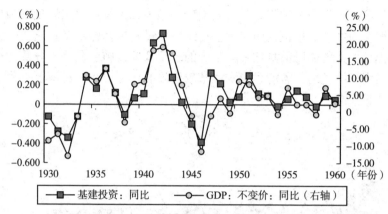

图 5 - 9　美国基建投资和 GDP 同比增速

资料来源：Wind 数据库。

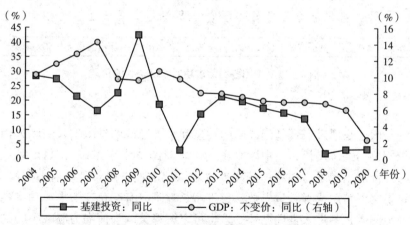

图 5 - 10　中国基建投资和 GDP 同比增速

资料来源：Wind 数据库。

中美的发展都出现过基础建设投资与经济增长负相关的时期，美国因为无法通过积极的财政政策与基础设施投资促进经济增长导致其在 20 世纪 70 年代再次遭遇了大萧条，里根总统实施的"里根经济"政策虽然使得美国走出了"滞胀"的局面，但是真正使美国获得经济高速增长的原因是20世纪90年代冷战结束后美国快速发展了新信息技术的事实。新信息技术的发展使得美国的经济获得了空前的提升，经济出现低通胀，低失业率，高经济增长率的局面。

从图5-11中可以看出，美国在20世纪90年代实施基础设施转型后，经济发生了极大的变化，个人消费和国内私人投资快速增长成为促进经济增长的主力。这也说明我国在传统基建投资拉动经济增长乏力的背景下，提出大力发展以信息技术为基础的新型基础设施建设是十分及时也是具有极大可能性的，若能尽快实现基础设施的转型，我国经济也许将迎来新的增长浪潮。

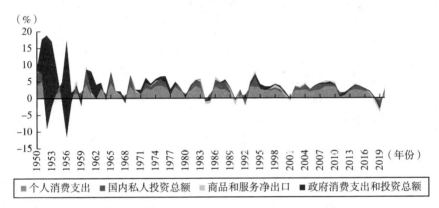

图5-11　美国各类需求项对经济增长的贡献

资料来源：海通证券研究所。

美国正是通过实现基础设施的转型迎来了经济的健康增长。私人消费与投资拉动经济增长，而中国则正处于发展的"十字路口"，目前私人消费与投资都出现乏力现象，基建投资难以拉动经济增长且政府债务高企，如果不实现转型或者转型失败，经济增长都难以有起色。如果成功实现转型，经济增长则进入良性循环。这也可以解释美国为何竭力制裁中国的华为、中兴等以通信技术为核心的企业。

（三）中国基础设施投资对宏观经济的影响

基础设施投资也对于经济增长的促进作用也不是必然的。过量的基础设施投资，会造成基础设施产能过剩，例如过量的公路领域投资，会形成大量的宽阔公路，公路没有承载相应的运输量，这些基础设施投资将给经济增长带来负向作用，过剩产能挤占了其他类型的投资。

经济学家们通过对基础设施投资与经济的关系进行研究，在国家宏观经济层面得到了如下三种认识：（1）基础设施投资能否促进经济：取决于发展阶段；（2）基础设施投资能否促进经济：取决于投资的量；（3）基础设施投资能否促进经济：取决于地区差异。

基础设施投资影响经济增长主要有两种渠道：

其一是作为生产要素，直接作用于经济增长。作为一种投资要素，基础设施投资会通过乘数效应，放大其对经济增长的影响。

其二是通过外部性间接作用于经济增长。交通运输、信息化以及能源设施等领域的基础设施投资作为经济的物质资本，直接参与经济生产活动，有利于提高社会生产能力，促进经济快速发展，如图 5 - 12 所示。

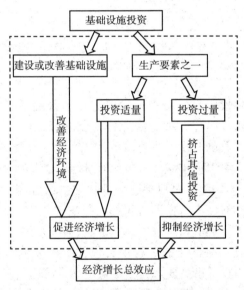

图 5 - 12　基础设施促进经济增长的关系

基础设施投资增长在高经济增速情况下对经济的促进作用大于低增速情况下的促进作用。并且，基础设施投资对经济增长的促进作用存在着拐点，即基础设施投资增长到一定程度后，将不再影响经济增长。廖茂林等学者就认为基础设施投资与经济增长之间的关系总体呈现倒"U"型，1994～1999 年间，基础设施投资对经济增长有显著但较弱的促进作用；2000～2011 年间，有显著的正向促进作用；2012 年以后，基础设施投资的增长已经不能显著促进经济增长，如图 5 – 13 所示。

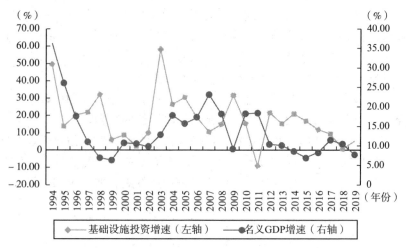

图 5 – 13 1994 ~ 2019 年基础设施投资与经济增长关系

资料来源：历年《国民经济和社会发展统计公报》。

关于基础设施投资对经济增长的促进作用取决于投资的量和区域差异，孙早等人给出了回答，他认为东部地区和中部地区，基础设施投资与经济增长之间存在着倒"U"型的关系，基础设施投资强度①的值在（0，0.13）区间内时，可以促进东部地区的经济增长，基础设施投资强度的值在（0，0.16）区间内时，可以促进中部地区的经济增长。而西部地区基础设施投资的变动与经济增长率之间并不存在倒"U"型的关系，这是因为投资过量抑制了经济增长。

基础设施建设一项巨大的工程项目，其中最关键的是建设资金的保障。国内基础设施投资最主要来源于自筹资金、国内贷款、国家预算内资金以及外资。根据 Wind 数据库和海通证券研究所统计的数据进行整理，如图 5 – 14 所示，自筹资金、国内贷款、国家预算内资金三者的资金总额占资金总量一直是超过 90% 的比例，其中自筹资金由 2004 年的 46% 提升到 2017 年的 58.6%，国内贷款的比例逐年收缩，从 2014 年的 35% 下滑到了 2017 年 15.6%。

---

① 投资强度：某一省份当年基础设施投资额占其当期 GDP 的比重。

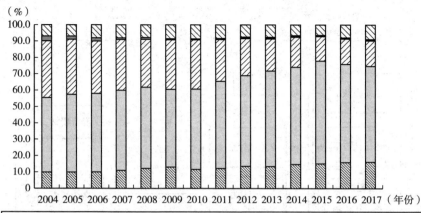

图 5 - 14　中国 2004 ~ 2017 年基建投资资金来源比例

2003 年以来，随着经营性用地"招拍挂"出让制度的确立和多数城市住房市场和土地市场的持续升温，地方政府拥有的最大资源—土地，经济价值愈发凸显，形成了巨大的土地红利。这种"土地出让收入"和"土地抵押借款"相结合的"土地融资"模式为数城市的基础设施投资提供了重要资金来源。由此也衍生出了"以财养地，以地生财"的融资模式。

地方政府可以通过抵押或者出让土地获得融资，通过融资获得资金用于基础设施建设，城市基础设施的发展一方面可以促进经济增长，另一方面也可以提升城市的生活质量，由此产生的经济效益又可以作用于土地，提升土地出让价格，政府则获得更多的资金用于新的建设，如图 5 - 15 所示。

我国基础设施投资面对的疑难问题主要来源于，投资对经济增长拉动乏力并且地方债务高企。我国从 2011 年起，固定资产投资增速就在放缓，而且地方债，尤其是难以统计的隐性债务越来越多，如图 5 - 16 和图 5 - 17 所示。地方债务扩张引发的空间错配问题很可能会带来三种风险。

一是结构性的局部风险。加入隐性债务后，部分省级行政区的债务总量庞大，增长较快，债务率偏高，财政存在一定的压力。考虑到部分省份的县市级平台财政实力更差，隐性债务对财政的依赖度会更高，财政的压力可能会更为突出。

二是债务期限错配的风险。现有债务多形成于基础设施建设、PPP 等领域，建设周期长，现金流的创造能力差，债务到期可能需要依靠借新还旧来偿还。

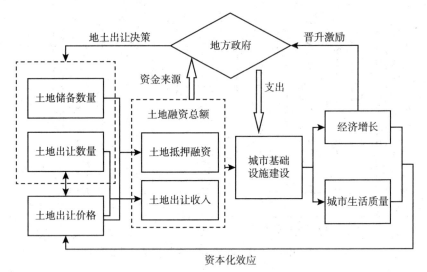

图 5 – 15　地方政府的土地融资模式

三是财政风险可能会扩散升级。部分区域的债务可能存在担保链，城投之间互相担保增信，若单一主体出现流动性危机，则整个担保链上的主体都会受到牵连，进而导致债务违约风险快速扩散升级。

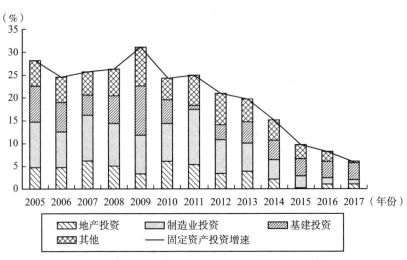

图 5 – 16　2005 ~ 2017 年我国固定资产投资增速分解

资料来源：历年《中国固定资产投资统计年鉴》。

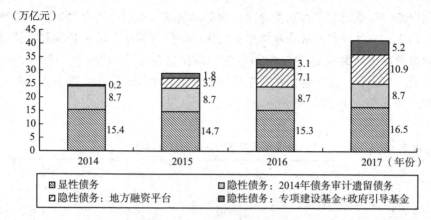

图 5-17 2014~2017 年地方政府债务余额估计

资料来源：根据 Wind 数据库整理。

针对债务问题引发的问题，学者们也给出了不同的建议：陆铭认为，通过促进劳动力自由流动，使得地区之间生产率趋同，欠发达地区不那么受制于汇率变量，同时减轻欠发达地区支出的负担，降低融资动机；温来成提出要建立全国统一的地方政府隐性债务统计、监测和发布制度，建立地方隐性债务风险管理的阶段性目标，统筹解决隐性债务风险与实现经济社会发展战略目标之间的均衡；任泽平指出对于地方债务的化解要分不同时期应对，短期化解存量集中到期风险、中期改革体制从根本上控制增量、长期深化改革开放提高经济效率做大分母降负债率；鞠建东在接受采访时提到可以通过人工智能的技术以及发展，使得地方的债务、地方的收入管理进入一个新的阶段。

四、固定资产投资的杠杆问题

国有资本投资是有成本的，政府投资的钱从哪里来？政府要从税收里出钱是不需要付利息的，而发国债是有利息的，成本是从零开始逐渐上涨的。所以我们通常以国库券、国债的利率作为社会的平均收益水平。但是需要注意的是，越多的社会资本投资，通常意味着越高的企业收益水平。因为一个企业能用更多的杠杆去投资的话，意味着企业的盈利水平超过成本。

据《中国金融稳定报告（2019）》统计，2018 年末，我国住户部门贷款余额 47.9 万亿元，同比增长 18.2%，增速较上年回落 3.2 个百分点。

住户部门贷款余额占存款类金融机构全部贷款余额的比例为35.1%，同比上升2.8个百分点。从贷款类型看，住户部门贷款中的消费贷款和经营贷款余额占比分别为78.9%和21.1%，同比增速分别为19.9%和12.3%。从贷款期限看，住户部门贷款中的短期贷款和中长期贷款余额占比分别为29%和71%，如表5-5所示。

表 5 - 5 2018 年住户部门贷款余额及增速

类型	2018 年末余额 （亿元）	同比增速 （%）	较上年变动 （个百分点）
消费贷款	378 012	19.9	-5.9
其中：短期消费贷款	88 080	29.3	-8.6
中长期消费贷款	289 931	17.3	-5.6
其中：个人住房贷款	258 000	17.8	-4.4
经营贷款	100 943	12.3	4.2
其中：短期经营贷款	50 006	9.1	9.9
中长期经营贷款	50 936	15.8	-3.3
总计	478 954	18.2	-3.2

资料来源：中国人民银行官网。

我们通常认为，社会资本投资的比例越高，所反映的经济状况越好。根据《中国金融稳定报告（2019）》统计的数据，以家庭投资为例，全国各省市家庭杠杆率最高的就是浙江、上海和广东，浙江省的家庭杠杆率是73%，上海是68%，广东是62%。从这里也可以看出，杠杆率越高的地方经济发展越好，但政府的宏观调控往往却向相反的方向操作。比如，上海市的整体杠杆率很高，作为管理者的政府会觉得风险比较高，因此要控制风险，而通常理解的控制风险是要把杠杆率给压下来。与上海市相比，甘肃省的整体杠杆率很低，那么是否要把甘肃省的杠杆率提上来？显然要根据各地区杠杆率形成的市场机制来进行操作。上海市有更多的投资机会和利润创造的空间，因此投资者更愿意利用杠杆去投资，通过加快资金周转速度提高资金的利润水平。而甘肃省的利润创造水平不高，其对资金杠杆的需求也相对较低，因此其保持相对较低的杠杆率是合理的。以这两个地方的土地交易为例，上海市的土地交易价格很高，而且土地购买者通常要通过融资进行土地购买，只要融资，杠杆率就要上升。因此，控制上海的杠杆率，不让购买者利用杠杆获得土地，看似降低了风险，实际上也抑制了经济旺盛地区的发展动力。而对于甘肃省来说，由于没有更多创造利润的空间和优质的企业，此时提供更多的土地空间和杠杆空间，也很难推动经济发展。所以，处理好固定资产的杠杆问题，也是我们国家经济体制建设和改革中一个需要非常重视的问题。

从区域划分看，各省份住户部门债务分布不均衡。《中国金融稳定报告（2019）》的统计数据显示，2018年住户部门杠杆率超过全国水平的省份有：浙江（83.7%）、上海（83.3%）、北京（72.4%）、广东（70.6%）、甘肃（70.1%）、重庆（68.6%）、福建（65.8%）和江西（63.1%），其中，杠杆率水平最高的浙江和最低的山西之间相差50个百分点。上述地区中，浙江、上海、北京、广东、福建和重庆的债务收入比也超过全国水平，居民债务负担较重。2015～2018年，除新疆外，全国各省份住户部门贷款与本地区生产总值的比例呈整体上升趋势。其中，海南、上海、天津、浙江和广东增速较快，四年分别上升26.4个、21.5个、21.4个、20.8个和18.4个百分点。综合住户部门贷款与生产总值比例的水平和增速，浙江、上海和广东不仅住户部门贷款与生产总值的比例处于全国较高水平，而且贷款积累较快：3个省份加总的贷款余额和近四年贷款增幅占全国的比例均超过1/4。

以江苏省为例，改革开放40多年来，全省固定资产投资总量不断扩大，累计完成全社会投资额逾40万亿元，年均增长22.1%。从投资改革的历程和投资总量的运行规律来分析，其固定资产投资阶段符合上述历程。[①]

第一阶段，1978～1994年。其中，1978～1990年省累计完成固定资产投资2 254.9亿元，年均增长26.2%。这一阶段江苏省投资体制改革处于起步阶段，简政放权，缩小指令性计划范围，财政预算内拨款实行"拨改贷"，地方财政利用机动财力和预算外收入不断扩大基建投入，1990年基建投资中地方投资所占比重达到55.2%，同时为了弥补基建不足，面对老企业机器设备老化和技术落后的现实，为增强经济建设的实力，逐步加强了技术改造投资的份额，累计完成技术改造投资302.9亿元，1990年全省技改投入41.5亿元，相当于1978年的14倍。1991～1993年期间，全省累计完成固定资产投资2 295.9亿元，年平均增长43.5%。1993年，基

---

① 江苏省统计局：《改革开放40年——投资篇：推动协调发展　建设美好江苏》，江苏省人民政府官网，2018年11月12日，http://www.js.gov.cn/art/2018/11/12/art_64745_7880216.html。

建投资中的中央投资占 27.7%，地方投资占 72.3%；技术改造投资中央项目占 18.3%，地方项目占 81.7%。不难看出，这一阶段主要是依靠地方财力和企业自筹而形成投资。

第二阶段，1994～2012 年。其中，1994～1998 年，针对前一阶段投资增长过快，导致物价上涨，影响社会总供需平衡的局面，各级政府从严控制资金的投放。这一时期，全省累计完成投资 7 163.9 亿元，年均增长 18.8%。这一时期江苏省农业水利、能源、交通等基础产业投资力度不断加强。1997 年，农业水利投资占全社会投资的比重为 3.5%，能源占 7.3%，交通邮电占 11.3%，较调整初期的 1993 年分别提高了 1.5 个、2.5 个和 4.8 个百分点。1998～2003 年，受 1997～1998 年东南亚金融危机的影响，我国对外贸易尤其是对东南亚国家和地区的出口贸易受阻，以致相当一部分产品收缩在国内市场上。这种市场波及的滞后效应在 1999 年显现无疑，当年江苏省固定资产投资增速仅为 8.2%，降至谷底。在此宏观背景下，中央及时作出了"扩大内需，加大固定资产投资力度，以投资拉动经济增长"的重要决策，为扩大内需，促进经济增长，国家先后发行了 2 350 亿元国债，用于固定资产投资。到 2003 年底，全年全社会固定资产投资完成 5 335.8 亿元，比 2002 年增长 38.6%。从行业分布看，投资多、增长快的一是以城市建设为主体的社会服务业，二是电力工业，三是交通运输业，三项投资分别为 514.0 亿元、248.6 亿元、346.7 亿元，分别增长 111.6%、80.9% 和 43.2%。2004～2007 年。随着改革开放的进一步深入、中国加入 WTO 的进程以及全球经济的复苏，中国的经济增长再次加速。进入 2004 年之后，出现了部分行业投资增长过快，物价上涨压力增大等问题，政府和经济学界普遍认为中国经济进入了一个经济出现过热势头的时期。2004 年 4 月，根据一季度部分行业投资继续膨胀的问题，国家果断采取了一系列宏观调控措施，经济运行中不稳定、不健康的因素得到了抑制，到 2007 年底，江苏省完成全社会固定资产投资 12 268.1 亿元，同比增长 21.8%，增幅进一步回落。2008 年，由美国次贷危机引发的金融危机席卷全球。为了减少国际金融危机对我国经济的冲击，刺激经济较快增长，中央政府出台了加大投资力度、鼓励金融机构增加对中小企业贷款等一系列扩大内需、促进经济增长的政策措施。2009 年全省完成固定资产投资 18 949.9 亿元，增幅也提高到 25.8%。2012 年，在国家稳投资、保增长的宏观政策作用下，全省投资平稳增长，全年完成固定资产投资 31 706.6 亿元，总量跨上新台阶，首次超过 3 万亿元。

第三阶段，2013～2017年。面对经济增长从高速转入中高速增长新形势、新常态，江苏省固定资产投资仍然保持高位运行，累计完成投资225 811.5亿元，年均增长10.8%。从投资对经济增长的贡献看，2013～2017年，全省固定资本形成对经济增长的贡献率分别为48.4%、47.7%、44.8%、42.0%和32.2%，分别拉动当年经济增长4.6个、4.1个、3.8个、3.3个和2.3个百分点，固定资产投资对经济平稳运行的支撑作用效果显著。

客观地看，中国越是财务杠杆率高的地方，经济发展速度越快。这在一定程度上说明杠杆率的高低和发展本身不是必然的因果关系。因为杠杆率的高低是与国家和地区的利润水平、投资回报率等指标相关的，如果利润水平很高，加大杠杆是没有问题的。有的时候反而是有利于经济的增长和地区的发展。但是投资滞后对实体经济的发展反而是有负面影响的，投资跟不上经济发展的需要，无疑是要阻碍经济发展趋势和速度的。所以，一个地区也好，一个国家也好，它的经济发展状况需要着重看它的企业盈利水平和它固定资产投资，如果它的企业盈利水平与固定资产投资水平均衡，很大程度上能够说明它的经济处于正常的发展状态。当然过度投资也可能出现经济泡沫的问题，讨论中国泡沫最多的就是房地产泡沫问题，下一节来讨论房地产投资的问题。

第三节　房地产投资与地方政府债务的关系

在这一节我们采用北京、上海、天津、深圳以及部分省会城市等31个大型城市的数据进行实证分析，检验了房地产与土地财政之间的相互关系以及房地产、土地财政对地方政府债务的影响机制。

在讨论地产投资和地方政府债务之前，我们要思考一个问题：房地产这个行业的投资是实体投资还是金融投资？房地产这个行业实际上具有实体和金融双重性质，没有离开金融工具的房地产，而房地产本身却又是一个实体。房地产双重属性的特征在美国就更明显，美国的房地产资产证券化是非常成熟的，房贷可以转让也可以出售，金融产品的属性更为明显。正因为房地产的这种特殊属性，个人投资者在改善居住条件的现实需求和个人投资需求的双重作用下，大量购买房地产；房地产开发商与金融机构也联合起来将大量的资金投资于房地产市场，随着资金大量涌入房地产市场，关于房地产泡沫的说法也越来越多；地方政府在当前的财政体制和税收体制下，也比较倾向于采用土地出让来获取建设资金的方式。中国的房地产市场经历了一个快速跌宕发展的二十年。

一、房地产价格是如何决定的

决定房地产价格的根本原因是房地产的供给和需求，这是经济学的基本原理。在开放的市场条件下，房地产的价格由供给决定，尤其是在经济高速发展时期，市场需求快速而持续地上升，土地和住房供给是相对有限的，这样的供给和需求关系必然导致房地产价格上涨。此期间的房地产价格是经济发展的合理反映，如果说房地产价格上涨过快，通常也确实如此，那么有必要适当调整房地产的价格，但是要明确政策调控过程中的重点领域，明确主要调控的是供给还是需求。以北京市为例，限购政策要求每户家庭拥有两套房产之后就不允许再买住房了，这样在房地产需求上调控的政策，在房地产价格方面的调节力度是非常有限的。

本书认为，中国的房地产价格调控策略是堵不如疏，应该增加供给从而解决需求，解决需求也能平滑经济。一味地打压和放开需求，就会造成房价波段的上涨。其实行业的投资回报率偏高，比如金融和房地产，这时应该把这些回报率高的行业稳定住，然后把回报率低的提起来，而不是打压回报率高的行业。

正因为我国的房价是主要受政策影响的，所以不能够通过历史数据来预测，其实通过分析市场的角色也可以分析出市场的力量。房地产市场主要受三方力量影响，国家、企业和消费者。从国家来讲政策取向是不降为好，企业有融资成本也不想降，而从消费者角度来看，没房的消费者是弱势群体，有房和有资产的消费者更能决定市场走势。所以房地产市场会出现有价无市的现象，只可能微调，而不会明显地下降。但是房地产企业目前也不敢涨价了，毕竟总是卖不出去也不行，前期的投资总是有一个回收期的。

而且需要引起注意的是我国的房地产价格上涨是和土地财政紧密联系在一起的。在中国过去的 20 年里经济高速增长，城市化进程的快速推进使得大量人口涌进城市，住房需求大量增加，大量投机性资本的进入也使得房地产具有了消费品和投资商品的双重属性，只要中国的经济保持在高水平增长，对于房地产的需求就会持续增加。房地产投资和消费的需求不断上升，也为地方政府提供了一个融资的机会。

在中国，城市土地所有权属于国有，地方政府可以通过出售土地使用权来减轻财政负担，即土地财政。在 1994 年《预算法》推出后，地方政府大量财权上交，但事责却只增不减，新城建设中的基础设施需要大量的财政资金投入。此时，土地财政也成为挽救地方政府赤字的灵丹妙药。同时，地方政府可以通过抵押土地或者以土地出让收入作为担保进行发债，从而使土地财政具有了双重引资作用，即一方面增加财政收入，另一方面获得杠杆融资。

　　土地融资政策也可以反过来刺激房地产市场，进一步推高房价。地方政府为了获得更多的财政收入会收紧土地供给，提高土地出让金。曹海涛（2012）指出，中国的部分城市，土地财政对总财政收入的贡献高达80%。官方数据统计表明，我国近年来通过土地出让获得收入高达 25 万亿，对土地依赖程度上升 11.3%，土地出让金的上升，导致房地产商开发土地的成本上升，进而推高了房价。从而使得与房地产相关税费增加，如契税和土地增值税。近年来我国房地产市场创造的 GDP 与土地财政收入增长的对比情况如图 5 – 18 所示。

图 5 – 18　我国土地出让收入与房地产行业 GDP 对比
资料来源：根据《中国统计年鉴》和 Wind 数据库整理。

二、房地产泡沫与房地产投资

　　在讨论房地产泡沫前，首先要知道什么是"泡沫"。经济泡沫是一系列资产（尤其是虚拟资本）价格膨胀，即在一个连续过程中大幅度上涨，使其市场价格远远超过了它实际代表的价值，形成虚假繁荣和含有过多

"泡沫"的经济总量。总的来说就是资产的价格偏离其本身价值。但是这里有一个问题，价格如果过高的偏离价值就不买，不投资了吗？其实也不是，主要是要看利润，如果投资房地产可以获得50%的收益，即使泡沫溢价了20%，那么还是可以赚到30%的收益的，那么只要资金足够也会去投资。这就是一个边际的思想，只有当边际收益和边际成本相等的时候才会达到均衡。所以说经济上的"泡沫"只是一个中性词，关键看你怎么利用泡沫去投资和获得收益。

房地产开发投资则是指在一定时期内，房地产开发公司、商品房建设公司及其他房地产开发法人单位和附属于其他法人单位实际从事房地产开发或经营活动的单位统一开发的包括统代建、拆迁还建的住宅、厂房、仓库、饭店、宾馆、度假村、写字楼、办公楼等房屋建筑物和配套的服务设施，土地开发工程（如道路、给水、排水、供电、供热、通信、平整场地等基础设施工程）的投资完成额；不包括单纯的土地交易活动完成额。

从 2003 ~ 2019 年，房地产开发投资和住宅开发投资额都一直在增加[①]，2019 年房地产开发投资额达到 132 194 亿元，住宅开发投资额达到 97 071 亿元，二者差值也达到最大值为 35 123 亿元，如表 5 - 6 和图 5 - 19 所示。两者差额一直在拉大，但是差额的增速是先增后减，这说明房地产开发投资额的主要支撑力近年来越来越多地转向了住宅开发投资。

表 5 - 6 房地产开发投资 单位：亿元

年份	房地产开发投资	住宅开发投资	差额	年份	房地产开发投资	住宅开发投资	差额
2003	10 153.8	6 776.69	3 377.11	2012	71 803.79	49 374.21	22 429.58
2004	13 158.25	8 836.95	4 321.3	2013	86 013.38	58 950.76	27 062.62
2005	15 909.25	10 860.93	5 048.32	2014	95 035.61	64 352.15	30 683.46
2006	19 422.92	13 638.41	5 784.51	2015	95 978.85	64 595.24	31 383.61
2007	25 288.84	18 005.42	7 283.42	2016	102 580.61	68 703.87	33 876.74
2008	31 203.19	22 440.87	8 762.32	2017	109 798.53	75 147.88	34 650.65
2009	36 241.81	25 613.69	10 628.12	2018	120 263.51	85 192.25	35 071.26
2010	48 259.4	34 026.23	14 233.17	2019	132 194	97 071	35 123
2011	61 796.89	44 319.5	17 477.39				

资料来源：根据中经网数据库整理。

---

① 房地产开发投资额包含住宅开发投资额。

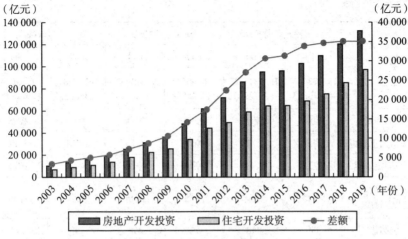

图 5-19 房地产开发投资额

资料来源：根据中经网数据库整理。

所以目前来看，短期内政府不会再大量开垦土地，扩大土地供给打击房价，也不会让金融机构有更多的资金去流入房地产企业。

我们对房地产与土地财政之间的关系进行了实证检验。如表 5-7 所示，土地出让收入对房屋销售价格的影响在 5% 的显著性水平下为正，系数值为 0.1278，房屋销售价格对土地出让收入的影响在 1% 的显著性水平下同样为正，系数值为 2.6415。这是因为土地价值上涨增加了房地产的开发成本导致房价上涨，另外土地出让市场的"招拍挂"机制使得地价能够随着房价的上涨而上涨。

表 5-7 **土地财政与房地产的关联关系分析**

被解释变量	房屋销售价格		房地产开发投资		土地财政收入	
	(1)	(2)	(3)	(4)	(5)	(6)
土地出让收入	0.1278 ** (0.0489)	—	—	-0.0128 (0.1784)	—	—
房地产开发投资	—	-0.2687 ** (0.1036)	—	—	—	-0.3725 (0.4510)
房屋销售价格	—	—	-0.4876 (0.5549)	—	2.6415 *** (0.7185)	—

续表

被解释变量	房屋销售价格		房地产开发投资		土地财政收入	
	(1)	(2)	(3)	(4)	(5)	(6)
常数项	13.2734 *** (1.4062)	16.9313 *** (2.7894)	18.9653 (13.4858)	9.3439 ** (4.5741)	−42.6881 * (24.8833)	13.4624 (20.2728)
控制变量	控制	控制	控制	控制	控制	控制
地级市固定效应	控制	控制	控制	控制	控制	控制
年份固定效应	控制	控制	控制	控制	控制	控制
省份－年份 固定效应	控制	控制	控制	控制	控制	控制
观测值	248	248	248	248	248	248
R^2	0.9851	0.9834	0.9925	0.9921	0.9631	0.9496
聚类	城市	城市	城市	城市	城市	城市

注：括号内的数值对应系数的稳健标准误，而 *** 、 ** 、 * 分别代表 1% 、5% 、10% 的显著性水平。表内所有回归均控制了人均 GDP 的对数值、人口密度的对数值；限于篇幅未报告这些控制变量的回归系数与标准误，如需要可向作者索要。

在住房需求与高房价驱动下的开发商就有动力购买土地使用权，导致对土地需求的上升进而增加了土地成交价款，这与经济规律相符。房地产开发投资对房价的影响在 5% 的显著性水平下为负，系数值为 − 0.2687。这是因为房地产开发投资是房地产开发公司等单位统一开发的包括统代建、拆迁还建的住宅、厂房、仓库、饭店、宾馆、度假村、写字楼、办公楼等房屋建筑物和配套的服务设施的投资完成额，即供给房地产所用的金额，根据一般的市场规律，在需求不变的情况下供给增加，价格会下降。

三、房地产市场、土地财政对中国地方政府债务

由于财政分权导致的财权上缴和事权下放，地方政府处于既有发展城市建设的需要，又有自有资金不足的困境，因此地方政府举债以求建设和发展。作为地方政府最有价值的自有资产，土地被用作抵押、出让以及委托开发以换取建设发展的资金。高速的经济增长拉动房地产市场发展，提高了房价吸引了更多的投资。房地产市场的繁荣又增加了土地财政收入，为政府发债提供了资金保障。同时，地方政府为了获得更多的财政收入会

倾向于控制供给抬高地价和房价，也释放了高房价的信号为发债提供更有力的担保。也就是说，土地财政是助推地方政府债务扩张的直接原因，政府抵押、出让土地获得的资金是地方政府债务发行与偿还的重要保障。高房价所产生的相关税费为地方政府实现财政收入和偿还城市基础设施建设债务提供了重要支撑。

因此，一个城市对于土地财政的依赖度越高，其地方政府债务受到房价波动的影响也越大。我们的一项研究同样显示，房地产价格和土地财政收入的增加对地方政府债务的扩张具有显著的正向效应，而且两者对于地方政府的举债融资交互影响，相互促进。本书将相关的研究进行了梳理汇总，形成了地方政府举债动因及其举债路径分析逻辑图，如图 5-20 所示。

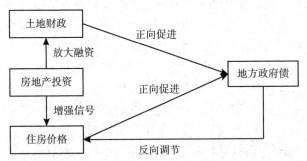

图 5-20　地方政府举债动因及其举债路径分析逻辑图

我们认为，土地财政对地方政府债务的形成与扩张具有明显的促进作用。土地价值越高，土地出让收入越多，地方政府越有杠杆经营加快城市发展建设的冲动。房地产开发投资的上涨，提高了市场对土地的需求，抬高了地价，进一步放大了土地财政的融资效应。部分政府为了获得这种效应会收紧土地的供给以获得更高的土地出让收益。房地产价格越高和房地产开发投资越多，地方政府与房地产业相关的税费就越高，财政收入的增加，释放了经济发展向好的信号，提升了地方政府偿债的信心，促进了债务的扩张。但是需要注意的是，只有房地产价格上涨而没有相应的房地产开发投资和土地财政增长时，不一定会促进政府债务的扩张。原因有两个方面，一方面，地方政府为了社会稳定等政治因素会逆向调节过高的房价；另一方面，房价过高却没有相应的投资和消费，大量的信贷资金固化在房地产等固定资产中难以流动，挤占了其他类型的投资，限制了城市的经济发展。

四、中国城市级地方政府债务扩张的区域异质性分析

虽然，从理论上看，房地产价格和土地财政都对地方政府举债、融资具有重要的支撑作用。但需要注意的是，并不是任何地区都可以通过出让土地以获得建设资金，进而推动经济发展，再由经济增长带动土地价格的上涨以达到经济运转的良性循环。我国不同经济区域的资源禀赋差异较大，在市场经济机制与政策红利的作用下，经济资源更多地向东部沿海地区集聚，东部和西部的经济基础差异较大。

东部城市经济发达，如北京、上海等城市有足够调配财力的空间，政府财力充足，因此房地产相关税费收入足够偿还相应债务，偿债压力较小，债务风险可控；东北部城市财政支出大于财政收入，在财政压力下地方政府更倾向于抵押土地举债和出让土地偿债，并且愈发依赖土地财政发展经济，缓解发展压力。西南部城市经济发展缓慢，生产要素是区域发展的短板。西部地区土地价值相对较低，因此对土地财政依赖程度较弱，但是由于大量金融资源配置的非效率导致房价过快上涨。银行在逐利的驱动下会把有限的信贷资源投入到房地产行业，挤出了其他实体企业的信贷融资，尤其是非国有企业，进而影响了实体企业的创新与投资。此外，西部城市通过举债融资和接收转移支付进行大量基础设施投资，导致了产能过剩，建设成本难以被经济增长所消化。既增加了劳动力成本，又损害了城市发展潜力，进而阻碍了城市经济的发展。所以不同区域城市的地方债在形成机制上呈显著明显的区域异质性。

为进一步检验不同空间区域房价与土地收入对地方政府举债的影响。我们采用了地理加权回归（GWR）模型对地方债形成机制的空间异质性进行分析。根据最小二乘法与地理加权回归模型（geographical weighted regression，GWR）的 AIC 值，确定最终地理加权回归模型为单变量回归，并且采用 2018 年和 2017 年的截面数据进行回归分析。

以 2018 年取对数后的城投平台口径的债务数据作为被解释变量，以 2018 年的房价收入比作为被解释变量做地理加权模型进行估计；以 2017 年取对数后的城投平台口径债务作为被解释变量，以 2017 年的土地出让收入作为解释变量进行估计①，估计结果如图 5-21 和图 5-22 所示。

①　截至 2020 年 11 月 25 日《中国国土资源统计年鉴》仅更新到 2018 年，即仅可获得 2017 年及以前的土地出让数据。本书采用 3 年平滑指数得出 2018 年土地出让收入数据，而本书涉及 2018 年数据的主要回归中土地相关变量均滞后一期，因此对结论影响可以忽略不计。

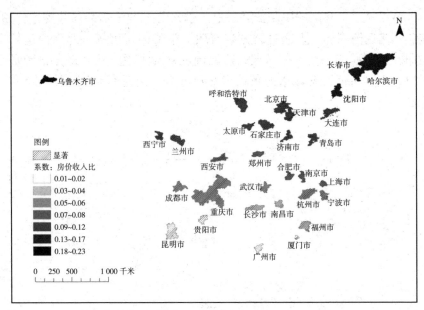

图 5 – 21　房地产价格对地方公共债务的扩张作用

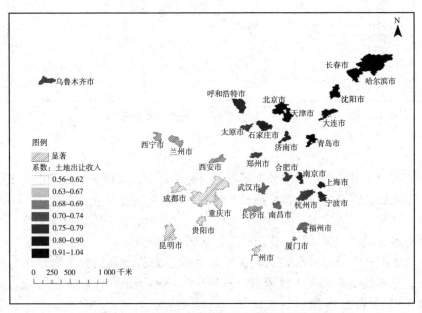

图 5 – 22　土地财政对地方公共债务的扩张作用

结果显示：我国的城市依靠房地产价格对地方政府举债的支撑作用，从北到南逐渐减弱；土地对地方政府融资举债的作用从东北到西南依次减弱。为进一步探索不同区域的房地产价格与土地财政对地方债的影响规律，本书将所研究城市的负债率与债务规模再进行整理，如图 5 – 23 所示。

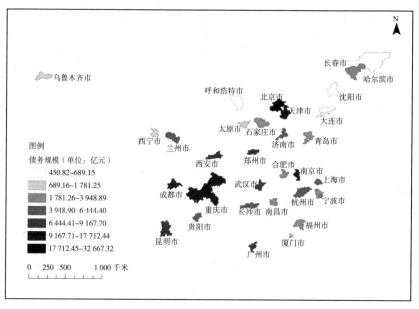

图 5 – 23　地方政府公共债务的债务规模

从图中可以看出，债务规模较大的是北京市、天津市、南京市、重庆市以及成都市，而以负债率衡量的债务风险较高的地区包括北京市、南京市、郑州市、西宁市、兰州市、西安市、成都市、昆明市以及贵阳市。西南部地区城市的债务风险普遍较高，如图 5 – 24 所示。

本书将所研究城市按照负债率从大到小和从小到大分别取前十名城市，分析其债务规模、负债率与房地产价格和土地出让收入的关系，如表 5 – 8 和表 5 – 9 所示。

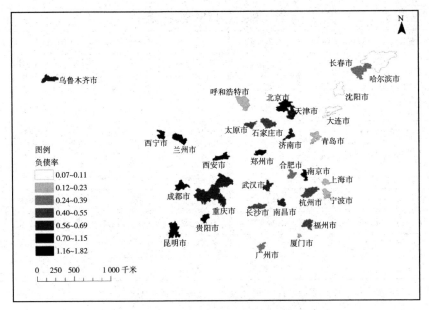

图 5 - 24　地方政府公共债务的债务风险

表 5 - 8　　　　　　　　　按负债率从高到低排名前十城市

城市	所在经济区域	负债规模	负债率	土地出让金系数	房价收入比系数
兰州市	大西北经济区	4 972.02	1.819294	0.65626	0.093528
昆明市	大西南经济区	9 167.70	1.760683	0.55989	0.017489
贵阳市	大西南经济区	5 828.52	1.534447	0.57956	0.024795
成都市	大西南经济区	17 712.44	1.154449	0.60794	0.052710
北京市	北部沿海经济区	32 667.32	1.077418	0.82645	0.119175
西宁市	大西北经济区	1 214.54	0.944131	0.65440	0.100976
南京市	东部沿海经济区	11 905.41	0.928630	0.75721	0.066215
西安市	黄河中游经济区	7 563.89	0.905870	0.66612	0.074243
郑州市	黄河中游经济区	8 839.95	0.871505	0.72032	0.07931
天津市	北部沿海经济区	12 929.39	0.687381	0.82941	0.114115

注：经济区域划分为根据国务院发展研究中心发表的全国八大经济区，下同。

表5-9 按负债率从低到高排名前十城市

城市	所在经济区域	负债规模	负债率	土地出让金系数	房价收入比系数
沈阳市	东北经济区	450.82	0.071645	0.94716	0.138501
哈尔滨市	东北经济区	563.02	0.089361	1.04478	0.165330
大连市	东北经济区	689.15	0.109521	0.90384	0.121248
呼和浩特	大西北经济区	536.06	0.184625	0.76316	0.119335
上海市	东部沿海经济区	6 444.40	0.197198	0.78129	0.064158
宁波市	东部沿海经济区	2 252.76	0.209647	0.76403	0.055618
青岛市	北部沿海经济区	2 617.38	0.218088	0.83449	0.097915
厦门市	南部沿海经济区	1 115.96	0.232908	0.65592	0.020810
合肥市	长江中游经济区	2 466.23	0.315258	0.73653	0.064831
长春市	东北经济区	2 406.92	0.335427	1.00675	0.155629

资料来源：根据《中国土地资源统计年鉴》和 Wind 数据库整理。

从表中可以看出，债务风险高的地区主要集中在西南与西北城市，其土地出让收入系数与房价收入比系数相对较小；而债务风险较低的地区主要集中在东部地区，其土地出让金系数与房价收入比系数相对较大。东北部地区虽然债务规模和负债率较小，但是该地区过于依赖土地与房价，自身偿债能力较弱，房价下跌最先受到冲击，西南部城市债务规模与债务风险都相对较高，这说明其经济发展与债务偿还主要是依靠中央的转移支付与输血。东部沿海地区，经济发展动力充足，负债率较低，应该适度放开土地供给，进一步增强经济活力。

研究地方债务的形成与扩张机制的目的在于寻求防控与化解地方政府债务风险的方法。根据上述分析可以确定房地产价格与土地价值是地方政府获取财政资金的关键渠道。从财政分权的角度看，地方政府设法提高上述两大资产价格以获得足够的财政收益用于建设投资和偿还债务，是事责远大于财权背景下的必然选择。债务膨胀的根本原因是地方政府对于财权的诉求没有得到规范化的法律政策体系引导。因此应该从我国的财政金融制度着手，下放财权，明晰事权，完善市场制度金融体系，引导地方经济健康发展。同时，采取差异化地方政府举债政策。充分发挥东部地区的优势，适当扩大土地供给和放开房地产市场，构建良好的营商环境，完善投资条例，加强金融监管，吸引投资拉动经济的增长，降低财政风险。对于东北部地区，要加强对于房价的调控，结合当地优势资源投资建设，提升经济效率；西部地区则要充分利用"一带一路"起始点的地理优势，发挥政策红利优势。

第四节 具有战略意义的创新投资

自 18 世纪末以来，全世界经历了五次技术革命①。每一次技术革命在带来生产率跃迁的同时，也推动着经济发展逻辑的转型。当突破性技术开始进入一个早已成熟的经济系统时，原有结构将受到强烈冲击。一方面，与这些技术连接的新工业网络将推动新产业崛起以及大量的新兴基础设施需求，而旧产业和基础设施则面临淘汰；另一方面，技术革命浪潮也将根本性改变组织、管理、运输、通信和消费模式，进而形成一种新的技术—经济范式。技术革命所促成的范式转换打破了国际原有秩序，这不仅将动摇当下领先国家的地位，而且为相对落后国家提供了赶超发达国家的机遇之窗。历史上，英国在进入电气时代之前，始终处于绝对主导地位，但从第三次技术革命开始，德国和美国赶超了英国，且随后的第四次和第五次技术革命均由美国占据主导地位。

熊彼特的经济增长理论将这一创新过程称为"创造性毁灭"，即不断破坏旧有的秩序与结构，并迭代创造新结构。在这一过程中，金融资本发挥了关键性的作用。正是由于大量资本涌入与该技术相关的产业，并开始探索由技术革命开辟的所有潜在道路，技术变革才得以逐渐渗透至整个经济体系。且在推动技术经济范式转变之前，每一次技术革命都经历了较长的酝酿期，这些前期对于技术的投资只能在促成爆炸式发展之后才显现其战略意义。虽然创新投资的周期长且风险高，但对于国家而言，战略产业的创新投资直接影响了一国未来的经济增长动力与国际话语权；对于企业而言，战略性的创新投资也决定了其未来的竞争力。

本书考虑创新投资依然是在宏观经济发展的框架下分析，我们认为创新是经济发展的动力。创新将带来生产能力的增加，带来新的市场产品，带来新的市场需求。不论是萨伊定律的信奉者，还是有效需求理论的支持者，创新都是必不可少的社会进步要素。从一定意义上讲，创新才是社会

---

① ［美］卡萝塔·佩蕾丝：《技术革命与金融资本：泡沫与黄金时代的动力学》，田方萌、胡叶青、刘然、王黎民译，中国人民大学出版社 2007 年版。

财富创造的根源。

现在所说的创新范畴越来越广泛，已经不仅仅是生产工艺创新，对产品进行创新，现在更多的是对整个产品有一个附加的服务创新。在消费者一次性购买完后，还会对这个产品进行后续的付费，要支付这个产品的后续服务的费用，这部分服务带来的附加值和利润也是企业十分看重的创新收益。

那么创新是由谁驱动的呢？目前的理论将创新驱动主要分为了三个方面：技术驱动、需求驱动以及设计驱动。

一、驱动创新的理论

（一）技术驱动创新

科技进步与创新活动密不可分。技术驱动创新既包括研发新技术，也包括对现有技术进行应用创新。科学是技术发明的根源，技术是产业发展的基础。例如，信息高速公路的产生基于光纤和激光技术，而这两项技术的产生都基于对其背后有关科学原理的发现。对技术的突破式创新（breakthrough innovation）将毁灭已有的价值链机构，形成新的价值网络，进而重塑产业甚至整个经济系统的技术竞争节点、市场格局和产业结构。谷歌、特斯拉等企业均是通过技术的突破式创新获得先发优势，进而占据市场领先地位。此外，由技术革新导致的发明往往可以得到专利权的保护。这为那些潜在的市场新入竞争者设置了壁垒，以防止他们复制这些创新。因此，先驱公司可以争取更多时间来进行研发并在市场中立足。

（二）需求驱动创新

需求驱动的创新更为依赖消费者。这类创新通常需要先调查用户需求，确认新产品或服务设计能满足当前消费需求，并据此改善现有技术应用和商业模式。尤其是在当今重视用户体验的互联网时代，企业可从市场需求及其发展趋势寻求创新点。这类创新通常资金投入较小，风险较低，且成功率高，适合于中小企业进行二次创新或在技术突破之后创新发展。但这种形式存在明显的局限性——因为将市场需求作为核心，忽略创意的作用，通常只能带来渐进性创新（incremental innovation）。

（三）设计驱动创新

"设计驱动式创新"（design driven innovation）本质上是对产品语意的创新，即"产品传达的信息与设计语言的新颖性超过功能与技术的新颖性"[1]。与其他创新驱动不同，设计驱动创新更为强调企业的整合作用和产品知识的管理，通过色彩、线条、材质和外形构架等元素表现象征性价值和情感价值，进而满足用户情感和社会文化的需求。特斯拉是一个典型案例。传统电动汽车相较内燃机汽车续航里程短、充电不便且性能差，因而无法跻身高端汽车行列。而特斯拉推出的首款高端电动车之所以能成为爆款，不仅是因为其突破性技术创新，同时还与其所创造的"无人驾驶＋电动化"这一产品语意以及车型的美学设计息息相关。

二、创新中的政府与企业关系

技术与其他公共产品一样，具有显著的正外部性特征。其虽然有利于提升社会整体的知识存量并提高行业的生产率，但企业需要投入大量资金，且难以从溢出效应中获得相应收益。因此，如果单纯依靠企业研发，可能会存在技术创新的供给或需求失效，抑或是技术创新的资源配置无法满足社会经济发展的状况。针对这一问题，技术创新的不同学派观点各异。

技术创新的新熊彼特学派，如爱德温·曼斯菲尔德、莫希顿·卡曼等人，着重于研究创新与企业组织、市场结构的关系。该学派强调企业在创新活动中的核心作用，并提出介于垄断和完全竞争之间的"中等程度竞争的市场结构"最有利于创新。以兰斯·戴维斯、道格拉斯·诺斯等为代表人物的制度创新学派认为，只有通过建立保护创新成果的所有权，才能降低革新的不确定性，最大化创新者的个人收益，从而使创新活动的私人收益率接近于社会收益率。技术创新的国家创新系统学派以克里斯托弗·弗里曼、理查德·纳尔逊为代表，认为创新并非企业的单独行为，而需由国家创新系统推动。该学派强调政府在优化创新资源配置并提高其使用效率的重要作用，认为政府可通过财税政策、法律、政府采购等途径，并制定计划或产业政策，进而引导企业、科研机构等加快知识的生产、传播、扩

---

① Verganti，R，Design as Brokering of Languages：The Role of Designers in the Innovation Strategies of Italian firms. Design management Journal，Vol. 14，No. 3，2003，pp. 34 – 42.

散与应用。根据国家创新系统学派的理论，政府在创新的过程中主要关注的依然是创新战略的设计，即通过进行顶层设计引导国家的创新要达到怎样的水平，应如何依据资源禀赋调整产业结构，并衡量不同产业的创新动力，进而决定投资倾向。企业则负责真正落实创新并创造价值。

创新过程中政府与企业关系的核心问题依然是从市场的哪个环节来推动经济运行。从宏观经济运行的角度而言，究竟是生产重要还是需求更重要？哪一种关系更有效率？政府的投资很大程度是从价值创造角度引导投资，如美国政府通过政府购买的方式引导企业投资，政府对企业提出需求，随后企业实现该需求。在这一情境下，政府是市场的参与者，同时也是一些重大科技研发的投资方。以电磁炮为例，其最开始用于武器，政府也出于国家安全考虑，投入了大量资金开展基础研究。但这项基础理论民用化后促成了微波炉的发明，政府对于电磁炮的基础研究也因此创造了价值，通过理论应用实现了创新。

综观技术创新的历史，真正将理论转化为创新的这一过程多由企业完成而非政府，但政府在战略规划与价值创造方面发挥了关键性作用。尤其对于基础科学理论的研究，其周期长、投入大且不确定性强，因而更需要政府积极引导与激励，为企业创新提供制度保障。

三、中国推动创新投资的路径

发展中国家的创新困难重重。一方面，发展中国家的技术积累薄弱，而创新过程需要厚积薄发；另一方面，国家间博弈所造成的创新障碍长期存在。这些内外部的因素都会影响中国的创新能力，然而，我们必须明白的是内圣外王的道理，特别是回顾晚清的洋务运动以及新中国成立以来的发展历史，解决好国家的内部问题才是发展的关键。

（一）构建推动创新投资的新型举国体制

近年来，随着我国综合国力的大幅提升，科技领域的投入是空前的，2013 年到 2017 年中国全社会研发投入年均增长 11%，规模已经跃居世界第二位。2018 年，中国全社会科学研究与试验发展支出占国内生产总值（GDP）比重预计为 2.15%。中国国际科技论文总量和被引次数稳居世界第二；发明专利申请量和授权量居世界首位。中国高新技术企业达到 18.1 万家，科技型中小企业突破 13 万家，全国技术合同成交额为 1.78 万亿元人民币。科技进步贡献率预计超过58.5%，国家综合创新能力列世界第17①。这些创新方面的成绩的取得离不开推动科技创新的举国体制支持。因为这些大型创新项目通常具有难度大、周期长、参与科技人员数量多和投入经费巨大等特点，事关国计民生和国家安全，对推动科技发展和社会进步有重要意义，因此需要财政给予大力支持。

构建新型举国体制是创新驱动战略的必由之路，财政支持新型科技创新举国体制也是科技体制改革的自然选择。在遵循市场经济规律的前提下，本着科学客观和实事求是的态度，更多地着眼于完善公共财政用于科技创新的预算制度，识别并分析财政支持新型科技创新举国体制的关键要素，构建财政支持新型科技创新举国体制的治理机制，提供优化当前治理机制的政策建议，合理预判和规避科技创新举国体制下的各种风险，来最大限度地发挥财政资金的使用效率。促进新型科技创新举国体制不断完善对创新投资的发展是至关重要的。

（二）解决创新人才稀缺的障碍

根据国家统计局发布的《新中国成立70周年经济社会发展成就报告》显示，2018年，按折合全时工作量计算的全国研发人员总量为419万人/年，是1991年的6.2倍。我国研发人员总量在2013年超过美国，已连续6年稳居世界第一位。但是，中国目前最缺乏的依然是创新人才，缺乏可将旧自主知识产权转化成新产品或生产力的工程师。我国目前在技术层面，通过之前的专利购买和接受技术转移，已有了一定积累，但是依然缺乏能向消费者或市场提供相当数量且质量上乘的产品和服务的人才。尽管和德国、美国等国相比，中国依然存在一定的技术鸿沟，但工程（engineering）这一词本身的含义并非基础性研发，而是在理论的基础上，将方法和技术相结合，以实现其目的。工程一词涵盖范围极广，比如系统工程基于系统科学的理论，以及系统科学的方法和技术来实现某一个系统的目的，金融工程则基于金融学的基本理论以及相应的方法和技术。

而这恰恰是创新的本质。所谓创新并不是有意识的创新，而是在实践过程中需要克服困难从而产生的创新行为。包括金融创新，其根本目的在于对已有的制度的规避，也就是克服制度障碍。

---

① 《2019年全国科技工作会议在京召开》，中国政府网，2019年1月10日，http//www.gov.cn/xinwen/2019-01/10/content_5356484.htm。

（三）建立完善知识产权制度

现代市场经济环境中的知识产权保护更多是从仿制者手中保护创新者，而不再是从封建统治者手中保护创新者，中国最应优先完善知识产权的相关法律体系与制度，如专利保护实质上是创新企业利益的保护。当自主知识产权（专利）得到充分的保护后，才能为所有者以及创新企业带来应得的利益，创新企业也能因此具备更好的发展能力和基础持续创新。如果企业的自主产权或者企业利益都能受到完整的保护，企业也因此具备了创新的动力和尊重知识产权的意识。

完善的知识产权制度也是一种激励或惩罚的制度设计，其本质上是制度经济学问题。依据张五常的佃农理论，雇主雇用农民来种地，用什么样的契约方式最有效率？他设计了几种场景，其中一种场景就是惩罚，结果显示惩罚的效率最低，而给予奖励比惩罚的效率更高，但奖励的效益也并非最高。其研究结论显示，最有效率的方式是分成，即雇主和农民签订契约保证共同用地，收益分成。因此，建立知识产权制度也需要考虑一个相对较优的策略，单一的鼓励创新和惩罚侵权行为都是不够完善的。

（四）建立健全科技金融体系

金融体系是创新活动必不可少的资源支撑，美国、以色列、日本等公认的创新型国家均具有成熟的科技金融体系支持创新投资。活跃且健全的金融市场能通过风险投资市场为新创企业提供资金，通过股票市场支持首次公开募股的企业，通过兼并收购实现共同领域但不同技术优势的互补，通过银行信贷或互联网金融为中小型创新企业提供融资服务。这进一步弱化了政府的直接投资作用，而转为提供创新投资的制度保障。

"科创板"的设立虽然为科技创新型企业融资提供了更多的渠道，也为中国的风险投资提供了更大的空间，但目前中国的创新投资仍然存在投资主体较为单一、部分国有投资过于逐利、资本退出机制尚未健全、法律保障较为薄弱等问题。这些问题的解决有赖于科技金融体系的建立健全。对于政府而言，需要积极引导金融机构有效服务创新融资需求，进一步健全适应创业投资行业特点的差异化监管体制，拓宽创新的直接融资渠道，同时完善定向降准、信贷政策支持再贷款等结构性货币政策工具以引导资金投向创新型企业。

参 考 文 献

[1] ［美］哈里·兰德雷斯、大卫·C. 柯南德尔：《经济思想史》，周文译，人民邮电出版社 2014 年版。

[2] ［英］约翰·梅纳德·凯恩斯：《就业、利息和货币通论》，高鸿业译，商务印书馆 1999 年版。

[3] 顾海良、颜鹏飞：《新编经济思想史》，经济科学出版社 2016 年版。

[4] ［英］亚当·斯密：《国富论》，张兴、田要武、龚双红译，北京出版社 2007 年版。

[5] ［法］让·巴蒂斯特·萨伊：《政治经济学概论：财富的生产、分配和消费》，陈福生、陈振骅译，商务印书馆 1963 年版。

[6] ［英］大卫·李嘉图：《政治经济学及赋税原理》，郭大力、王亚南译，商务印书馆 1962 年版。

[7] ［德］卡尔·马克思：《资本论》，中共中央马克思恩格斯列宁斯大林著作编译局译，人民出版社 1975 年版。

[8] ［英］约翰·伊特韦尔：《新帕尔格雷夫经济学大辞典》，陈岱孙等译，经济科学出版社 1996 年版。

[9] ［美］保罗·萨缪尔森：《经济学》，萧琛译，人民邮电出版社 2008 年版。

[10] 刘溶沧、马拴友：《赤字、国债与经济增长关系的实证分析——兼评积极财政政策是否有挤出效应》，载《经济研究》2001 年第 2 期。

[11] 卞志村、赵亮、丁慧：《货币政策调控框架转型、财政乘数非线性变动与新时代财政工具选择》，载《经济研究》2019 年第 9 期。

[12] 刘畅、曹光宇、马光荣：《地方政府融资平台挤出了中小企业贷款吗?》，载《经济研究》2020 年第 3 期。

[13] 王宇澄、张莉、郑新业：《"准财政政策"能指望么？——中央投资对地方投资的带动效应评估》，载《管理世界》2018 年第 8 期。

［14］余壮雄、杨扬：《市场向西、政治向东——中国国内资本流动方向的测算》，载《管理世界》2014 年第 6 期。

［15］［美］米尔顿·弗里德曼、安娜·雅各布森·施瓦茨：《美国货币史（1867～1960）》，巴曙松译，北京大学出版社 2009 年版。

［16］林毅夫、蔡昉、李周：《中国的奇迹：发展战略与经济改革》，上海人民出版社 1999 年版。

［17］吴晓波：《激荡三十年》，中信出版社 2014 年版。

［18］汪同三：《中国投资体制改革四十年》，经济管理出版社 2019 年版。

［19］厉以宁：《非均衡的中国经济》，中国大百科全书出版社 2019 年版。

［20］［美］滋维·博迪、亚历克斯·凯恩、艾伦 J. 马库斯：《投资学（第十版）》，汪昌云、张永骥译，机械工业出版社 2017 年版。

［21］张衔：《动态经济学导论》，四川大学出版社 2009 年版。

［22］［美］德内拉·梅多斯、乔根·兰德斯、丹尼斯·梅多斯：《增长的极限》，李涛、王智勇译，机械工业出版社 2013 年版。

［23］［古希腊］荷马：《荷马史诗》，陈中梅译，上海译文出版社 2016 年版。

［24］李向民：《大梦初觉：中国的经济发展学说》，江苏人民出版社 1994 年版。

［25］刘鸿万：《国民经济研究所丙种丛书》，商务印书馆 1945 年版。

［26］谷春帆、翁文灏、胡庶华、简贯三：《中国工业化计划论》，商务印书馆 1946 年版。

［27］刘大钧：《工业化与中国工业建设》，商务印书馆 1946 年版。

［28］谷春帆：《中国工业化通论》，商务印书馆 1947 年版。

［29］罗荣渠：《从"西化"到现代化》，北京大学出版社 1990 年版。

［30］褚葆一：《工业化与中国国际贸易》，商务印书馆 1945 年版。

［31］章友江：《中国工业建设与对外贸易政策》，商务印书馆 1946 年版。

［32］许涤新：《中国经济的道路》，生活书店 1946 年版。

［33］谭崇台：《发展经济学的新发展》，武汉大学出版社 1999 年版。

［34］张培刚：《新发展经济学》，河南人民出版社 1992 年版。

［35］朱明权：《当代国际关系史》，复旦大学出版社 2013 年版。

［36］陈曦：《改革开放以来中国政府投资变迁探析》，载《时代金融》2017 年第 4 期。

［37］汪敬虞：《十九世纪外资对中国工矿企业的侵略活动》，载《经济研究》1965 年第 12 期。

［38］孙毓棠、汪敬虞：《中国近代工业史资料》，科学出版社 1957 年版。

［39］许明、张其仔：《中美上市公司全要素生产率比较》，载《亚太经济》2020 年第 1 期。

［40］陈浪南、杨子晖：《中国政府支出和融资对私人投资挤出效应的经验研究》，载《世界经济》2007 年第 1 期。

［41］李元华：《"新常态"下中国稳增长与促平衡的新挑战和新动力》，载《经济纵横》2015 年第 1 期。

［42］石建勋、张悦：《中国经济新常态趋势分析及战略选择》，载《新疆师范大学学报（哲学社会科学版)》2015 年第 4 期。

［43］厉以宁：《谈当前经济形势的几个前沿问题》，载《决策探索》2014 年第 11 期。

［44］吴敬琏：《以深化改革确立中国经济新常态》，载《探索与争鸣》2015 年第 1 期。

［45］黄群慧：《"新常态"、工业化后期与工业增长新动力》，载《中国工业经济》2014 年第 10 期。

［46］金碚：《中国经济发展新常态研究》，载《中国工业经济》2015 年第 1 期。

［47］胡双发：《中国经济新常态的研究轨迹》，载《创新发展与协调发展》2016 年第 3 期。

［48］郑京平：《中国经济的新常态及应对建议》，载《中国发展观察》2014 年第 11 期。

［49］文魁：《新常态的冷思考》，载《前线》2014 年第 10 期。

［50］陈启清：《正确理解和适应新常态》，载《中国国情国力》2014 年第 10 期。

［51］彭兴韵、费兆奇：《中国经济"新常态"》，载《上海证券报》2014 年 7 月 30 日。

［52］管清友：《平衡结构适应发展新常态》，载《人民日报》2014 年 6 月 24 日。

［53］王小广：《新常态下我国 2015 年经济形势展望和政策建议》，载《国家行政学院学报》2014 年第 6 期。

［54］张平：《中国经济新常态与减速治理》，载《现代经济探讨》2015 年第 1 期。

［55］张占斌、周跃辉：《关于中国经济新常态若干问题的解析与思考》，载《经济体制改革》2015 年第 10 期。

［56］贾康：《把握经济发展"新常态"打造中国经济升级版》，载《国家行政学院学报》2015 年第 1 期。

［57］简新华、郭洋志：《中国经济发展新常态的几种误读》，载《新疆师范大学学报（哲学社会科学版）》2015 年第 5 期。

［58］李建波：《把握"新常态"下中国经济转型升级的重要战略机遇》，载《中国党政干部论坛》2014 年第 10 期。

［59］刘世锦：《寻找中国经济增长新的动力和平衡》，载《中国发展观察》2013 年第 6 期。

［60］马光远：《读懂中国经济新常态》，载《商界》2014 年第 6 期。

［61］郭旭红：《经济新常态背景下中国 GDP 中高速增长研究》，载《湖北社会科学》2015 年第 2 期。

［62］任保平、周志龙：《新常态下以工业化逻辑开发中国经济增长的潜力》，载《社会科学研究》2015 年第 3 期。

［63］郑思齐、孙伟增、吴璟、武赟：《"以地生财，以财养地"——中国特色城市建设投融资模式研究》，载《经济研究》2014 年第 8 期。

［64］孙早、杨光、李康：《基础设施投资促进了经济增长吗——来自东、中、西部的经验证据》，载《经济学家》2015 年第 8 期。

［65］陆铭：《中国经济的症结是空间错配》，载《深圳大学学报（人文社会科学版）》2019 年第 1 期。

［66］温来成、李婷：《我国地方政府隐性债务边界的厘清及治理问题研究》，载《中央财经大学学报》2019 年第 7 期。

［67］鞠建东：《人工智能技术可能改善地方债务和收入管理》，网易财经，2017 年 10 月 31 日。

［68］蔡晓慧、茹玉骢：《地方政府基础设施投资会抑制企业技术创新吗？——基于中国制造业企业数据的经验研究》，载《管理世界》2016 年第 11 期。

［69］黄赜琳：《中国经济周期特征与财政政策效应——一个基于三

部门 RBC 模型的实证分析》，载《经济研究》2005 年第 6 期。

[70] 张荣、张桂文：《经济新常态下中国跨越"中等收入陷阱"影响因素分析及跨越路径探寻》，载《经济问题探索》2017 年第 7 期。

[71] 陆铭、李鹏飞、钟辉勇：《发展与平衡的新时代——新中国 70 年的空间政治经济学》，载《管理世界》2019 年第 10 期。

[72] 曹海涛：《产权、分税制与地方政府行为——中国大陆"土地财政"之分析》，载《远景基金会季刊》2012 年第 1 期。

[73] 廖茂林、许召元、胡翠、喻崇武：《基础设施投资是否还能促进经济增长？——基于 1994～2016 年省际面板数据的实证检验》，载《管理世界》2018 年第 5 期。

[74] 谭语嫣、谭之博、黄益平、胡永泰：《僵尸企业的投资挤出效应：基于中国工业企业的证据》，载《经济研究》2017 年第 5 期。

[75] 梅冬州、崔小勇、吴娱：《房价变动、土地财政与中国经济波动》，载《经济研究》2018 年第 1 期。

[76] 许宪春、贾海、李皎、李俊波：《房地产经济对中国国民经济增长的作用研究》，载《中国社会科学》2015 年第 1 期。

[77] 黄映红、陈瑞、卞洋、周新发：《地方政府债务与房价的相互影响机制》，载《经济与管理》2019 年第 4 期。

[78] 王雅龄、王力结：《地方债形成中的信号博弈：房地产价格——兼论新预算法的影响》，载《经济学动态》2015 年第 4 期。

[79] 宋昕：《房地产价格波动对地方债务风险的影响研究——以广东省为例》，载《价格理论与实践》2017 年第 8 期。

[80] 林国庆：《浅论我国地方债务风险》，载《税务研究》2001 年第 11 期。

[81] 王国刚、张扬：《厘清债务关系支持地方长期债券市场发展——兼析地方政府性债务的政策选择》，载《经济学动态》2014 年第 9 期。

[82] 孙镟、方先明：《从地方政府或有债务的形成机理谈财政风险的防范》，载《统计与决策》2005 年第 11 期。

[83] 刘尚希：《公共债务的分析与计量》，载《财政与发展》2005 年第 12 期。

[84] 王柏杰：《基于地方政府资产负债表的地方债务规模与风险估算——来自中国七个资源型省份的经验证据》，载《山西财经大学学报》2018 年第 10 期。

［85］李丽珍、安秀梅：《地方政府隐性债务：边界、分类估算及治理路径》，载《当代财经》2019 年第 3 期。

［86］郭敏、宋寒凝：《地方政府债务构成规模及风险测算研究》，载《经济与管理评论》2020 年第 1 期。

［87］郑洁、昝志涛：《地方政府隐性债务风险传导路径及对策研究》，载《宏观经济研究》2019 年第 9 期。

［88］陈宝东、邓晓兰：《财政分权、金融分权与地方政府债务增长》，载《财政研究》2017 年第 5 期。

［89］彭冲、陆铭：《从新城看治理：增长目标短期化下的建城热潮及后果》，载《管理世界》2019 年第 8 期。

［90］李丽珍、刘金林：《地方政府隐性债务的形成机理及治理机制——基于财政分权与土地财政视角》，载《社会科学》2019 年第 5 期。

［91］陈志勇、毛晖、张佳希：《地方政府性债务的期限错配：风险特征与形成机理》，载《经济管理》2015 年第 5 期。

［92］葛堃、卢新海：《地方政府债务、土地财政与房地产价格的关系——基于省际面板数据的分析》，载《中国房地产》2017 年第 30 期。

［93］张莉、年永威、刘京军：《土地市场波动与地方债——以城投债为例》，载《经济学（季刊）》2018 年第 3 期。

［94］韩立彬、陆铭：《供需错配：解开中国房价分化之谜》，载《世界经济》2018 年第 10 期。

［95］陈斌开、黄少安、欧阳涤非：《房地产价格上涨能推动经济增长吗?》，载《经济学（季刊）》2018 年第 3 期。

［96］［美］乔治·吉尔德：《财富与贫困》，储玉坤、钟淦恩、杨思正等译，上海译文出版社 1985 年版。

［97］曹龙虎：《近代"Capital/资本"译名问题考略》，载《江苏社会科学》2016 年第 4 期。

［98］王汉锋、林英奇：《中国 A 股的机构化和国际化：还是"散户"市场吗?》，中金公司研究部，2019 年 7 月 2 日。

［99］谷春帆：《中国工业化计划论》，商务印书馆 1945 年版。

［100］伍启元：《中国工业建设之资本与人材问题》，商务印书馆 1946 年版。

［101］谷春帆：《战后中国利用外资问题》，载《大公报》1942 年 8 月 30 日。

［102］张培刚:《农业与工业化（中下合卷）: 农业国工业化问题再论》, 华中科技大学出版社 2002 年版。

［103］Ter – Minassian, Teresa, and Jon Craig, Control of subnational government borrowing. *Fiscal federalism in theory and practice*, 1997, pp. 156 – 172.

［104］Jiang, Dianchun, Jean Jinghan Chen, and David Isaac, The effect of foreign investment on the real estate industry in China. *Urban Studies*, Vol. 35, No. 11, 1998, pp. 2101 – 2110.

［105］Fung, Hung – Gay, et al, The development of the real estate industry in China. *Chinese economy*, Vol. 39, No. 1, 2006, pp. 84 – 102.

［106］Glindro, Eloisa T., et al, Determinants of house prices in nine Asia – Pacific economies. 26th issue（September 2011）of the International Journal of Central Banking, 2018.

［107］Pan, Jiun – Nan, Jr – Tsung Huang, and Tsun – Feng Chiang, Empirical study of the local government deficit, land finance and real estate markets in China. *China Economic Review*, Vol. 32, 2015, pp. 57 – 67.

［108］Cao, Guangzhong, Changchun Feng, and Ran Tao, Local "land finance" in China's urban expansion: challenges and solutions. *China & World Economy*, Vol. 16, No. 2, 2008, pp. 19 – 30.

［109］Tsao, Hai – Tao, Property rights, tax-sharing system and local governments' behavior: an analysis of "Land Finance" in transitional China. *Prospect Quarterly*, Vol. 13, 2012, pp. 101 – 156.

［110］Li, Shiyu, and Shuanglin Lin, The size and structure of China's government debt. *The Social Science Journal*, Vol. 48, No. 3, 2011, pp. 527 – 542.

［111］Lin, Shuanglin, China's government debt: How serious? *China: An International Journal*, Vol. 1, No. 1, 2003, pp. 73 – 98.

［112］Ding, Chengri, Land policy reform in China: assessment and prospects. *Land use policy*, Vol. 20, No. 2, 2003, pp. 109 – 120.

［113］Chong – En, Bai, Chang – Tai Hsieh, and SONG Zheng Michael, The long shadow of a fiscal expansion. *Brookings Papers on Economic Activity*, Vol. 47, No. 2, 2016, pp. 129 – 181.

［114］Ong, Lynette H, State-led urbanization in China: Skyscrapers, land revenue and concentrated villages. *China Q*, 2014, pp. 162 – 179.

[115] Feng, Xingyuan, Local government debt and municipal bonds in China: Problems and a framework of rules. *The Copenhagen Journal of Asian Studies*, Vol. 31, No. 2, 2013, pp. 23 – 53.

[116] Chen, Ting, and JK – S. Kung, Do land revenue windfalls create a political resource curse? Evidence from China. *Journal of Development Economics*, Vol. 123, 2016, pp. 86 – 106.

[117] Love, Inessa, and Lea Zicchino, Financial development and dynamic investment behavior: Evidence from panel VAR. *The Quarterly Review of Economics and Finance*, Vol. 46, No. 2, 2006, pp. 190 – 210.

[118] Abrigo, Michael RM, and Inessa Love, Estimation of panel vector autoregression in Stata. *The Stata Journal*, Vol. 16, No. 3, 2016, pp. 778 – 804.

后　记

本书成稿之时，正逢新冠肺炎疫情全球肆虐，给中国和世界经济运行带来巨大挑战，我国政府采取了诸多措施以应对疫情带来的公共安全和经济发展压力。

在疫情趋于稳定之后，中国新基建投资成为宏观经济启动的重要措施。2020 年 3 月，中共中央政治局常务委员会召开会议提出，加快 5G 网络、数据中心等新型基础设施建设进度。我国政府在 2020 年的首次国务院常务会议上也表示将大力支持新型基础设施的建设与投资。2020 年的基础设施投资的重点领域正在向新型基础设施方向倾斜，并将与扶贫攻坚、补短板共同成为今年最重要的投资方向。2021 年的两会进一步明确提出支持"两新一重"建设。新型基础设施建设能否顺利完成关系到我国基础设施转型的成功与否，也关系到我国能否获得经济增长的新动力。因此弄清基础设施投资促进经济增长的理论机理，中国基础设施投资现状，现有投资疑难问题，以及理解国家为何在此时决定基础设施转型都是十分必要的。

2020 年 5 月 22 日中国召开了第十三届全国人民代表大会。国务院总理李克强的《政府工作报告》提出，2020 年赤字率拟按 3.6% 以上安排，财政赤字规模比去年增加 1 万亿元，同时发行 1 万亿元抗疫特别国债。[①]政府报告的这些内容无疑将决定中国在此次新冠肺炎疫情之后的宏观经济恢复和运行情况。制定这些财政政策的经济理论基础，需要我们认真研究。

2020 年 5 月 23 日美国商务部宣布，将共计 33 家中国公司及机构列入"实体清单"。从 2018 年开始，美国商务部已经陆续将中国的一些科技企业列入了"实体清单"，包括中兴通讯、华为、科大讯飞、大华科技等诸多企业。美国对中国的制裁范围涉及了传统芯片、军工、高性能计算机、

---

① 《政府工作报告——2020 年 5 月 22 日在第十三届全国人民代表大会第三次会议上》，中国政府网，2020 年 5 月 22 日，http://www.gov.cn/gongbao/content/2020/content_5517495.htm。

精密仪器制造、通信、人工智能（AI）和互联网企业等。这些企业及部门被列入"实体清单"后，美国政府即可根据《出口管理条例》限制对这些机构出口、进口或转口，意味着进入名单的中国企业无法和美国进行任何商业交易。外部环境对中国宏观经济运行无疑是有影响的。美国一直尝试限制和制裁中国高科技产业的发展，这是一个难以预测的世界发展态势。

世界一直是变化的，此次新冠肺炎疫情加快了世界的变化速度，也许是带来了永久性的模式改变。我们呼唤新的理论指导我们认识、理解和面对新的经济世界。供给学派的观点与有效需求理论的观点将在宏观经济运行的不同阶段指引我们的政策操作。供给学派与有效需求理论的结合不是相机抉择的选择，而是旧理论综合产生的新理论。新理论对宏观经济体系的解释和指引是以实践为背景的，是发展中国家的经济增长基础上，重大公共安全事件冲击下所产生的理论解释。基于新理论的政策设计是信息不完全背景下，政府宏观调控职能的表现，已经脱离了完全竞争市场经济的假设。

是的，我们需要新的理论来解释现实的世界，需要新的理论来指导我们的实践。在新的理论没有被检验和形成之前，各国宏观经济运行总要持续下去。我相信，有一个规则对新理论的形成是有意义的。那就是要坚持全球的开放合作。全球的合作是人类共同的未来，任何孤立的思想和做法都是与大趋势背道而驰的。我们需要有意识地在全球范围内配置资源，信息技术、装备、人才等高端要素的快速集聚，促进人力、物资、信息的高效流动，实现全球优质资源的耦合，为推动全球消费换代升级积蓄动能。

本书开始是从理解什么是大趋势开始的，也恰好以顺应世界经济的大趋势结束。不同之处是开始的大趋势是以单独的国家经济体为对象，结语的大趋势是全球宏观经济的大视角了。我们人类对自身的认识和外部环境的认识都在逐步加深，但是以有涯识无涯，虽然美丽，也许终究是无解的吧。